AI와 인문학의 주제들

AI문고

인공지능 시대입니다. 기계가 인간의 인지를 대신하고, 사물이 인간을 통하지 않고 다른 사물과 직접 커뮤니케이션합니다. 이에 따른 인간 삶과 문명 변화를 정확히 이해·예측·대응하는 것은 이 시대 우리 모두의 과제입니다. AI문고는 인공지능 기술과 환경의 여러 주제를 10가지 키워드로 정리합니다. 관련 개념과 이론, 학계와 산업계의 쟁점, 우리 일상의 변화를 다룹니다. 인간과 기술의 현재, 미래를 세심히 분석합니다.

일러두기

- 인명, 작품명, 저서명, 개념어 등은 한글과 함께 괄호 안에 해당 국가의 원어를 병기했습니다.
- 외래어 표기는 현행 어문규정의 외래어표기법을 따랐습니다. 다만 '딥러닝', '딥마인드', '딥페이크' 등은 관행을 따랐습니다.

처음이세요?

전문가세요?

AI와 인문학의 주제들

김동우·우동현·정서현

대한민국, 서울, 커뮤니케이션북스, 2025

AI와 인문학의 주제들

지은이 김동우·우동현·정서현
펴낸이 박영률

초판 1쇄 펴낸날 2025년 2월 3일

커뮤니케이션북스(주)
출판 등록 2007년 8월 17일 제313-2007-000166호
02880 서울시 성북구 성북로 5-11
전화(02) 7474 001, 팩스(02) 736 5047
commbooks@commbooks.com
www.commbooks.com

ISBN 979-11-7307-371-7 03500

책값은 뒤표지에 표시되어 있습니다.

차례

AI시대의 인문학

이 책의 목적은 인문학의 주요 주제들과 AI 기술을 연결지어 생각하면서 AI 기술의 기초와 함의를 비판적으로 생각해 볼 수 있는 기회를 독자들에게 제공하는 것이다. 이를 위해 인간의 열 가지 기본적인 특징들을 선정하고, 그 특징들을 AI 기술과 연관 지어 논의할 것이다.

최근 우리는 AI 기술의 눈부신 발전을 목도하고 있다. AI 기술은 단순하고 반복적인 노동에서부터 고도의 판단력을 필요로 하는 놀이에 이르기까지 많은 영역에서 인간보다 뛰어난 성능을 보이고 있고, 점차 창의적이고 비판적인 분석력을 요하는 지적 작업의 영역에까지 활용되고 있다. 그래서 많은 사람들은 대부분의 지적 작업을 인간 또는 그 이상의 수준으로 수행할 수 있는 인공일반 지능(Artificial General Intelligence)이 곧 등장할 것이라 예측하고 있다. 그런데 마치 인간과 같은 혹은 그 이상의 지적 존재란 무엇일까? 그것은 인간과 어떤 점에서 같고, 또 어떤 점에서 다를까? 그리고 그러한 지적 존재들을 만들고 그들과 함께 살아간다는 것은 우리 인간들에게 어떤 함의를 가질까? 이처럼 인간과 AI를 함께 생각하면서 AI 기술이 인간적 삶의 조건들에 제기하는 새로운 가능성과 도전을 성찰할 수 있는 계기를 독자들에게 제공하는 것이 이 책의 목표다.

AI와 인문학

많은 기술의 발전이 그렇듯 AI 기술은 우리에게 많은 유익과 해악을 가져다주었다. AI 기술은 사용자의 취향이나 필요를 분석해 적절한 정보를 보다 빠르게 찾고 활용할 수 있게 도와주고, 다양한 형태의 문서를 생성하고 검토하는 데에 활용되기도 한다. 더 나아가 거대한 양의 자료로부터 인간이 파악할 수 없었던 패턴을 발견해 내기도 한다.

반면, 생성형 AI 시스템들이 인간에 의해 생성된 데이터를 통해 학습하는 과정에서 그 데이터 속에 내재한 사회적, 문화적, 역사적 편향(bias)을 확대 재생산하는 문제를 가지고 있다는 것은 주지의 사실이다. 또한 딥페이크(deepfake) 기술은 허위 정보들(disinformation)의 생성과 확산에 이용되고 있으며, 이는 정치적 선동이나 성적인 폭력과 같은 사회적 문제로 이어지고 있다. 그리고 기계 학습 방식으로 훈련된 AI 모형에 의한 의사 결정의 근거와 절차를 인간이 확인하고 검토할 수 없다는 블랙박스 문제에 대한 적절한 해결책은 여전히 제시되지 않았다. 그럼에도 AI 기술은 사회적으로 중요한 의사 결정에 점점 더 많이 활용되고 있고, 이는 사회적 공존의 기초를 이루는 민주주의와 절차적 정의에 대한 위험을 내포하고 있다고 할 수 있다. 이 밖에도 AI 기술이 가져다주는 편익과 위험들은 무수히 많고, 기술이 더 발전할수록 우리는 현재로서는 상상하기조차 어려운 여러 가지 가능성과 도전을 마주하게 될 것이다.

그러한 가능성과 도전에 맞서 어떠한 미래를 만들어 나갈 것인지는 우리 인간의 손에 달려 있다. 더 나은 미래를 설계하고 그 실현을 위해 AI 기술을 발전시키고 활용하는 것은 우리 인간의 몫이다. 이를 위해서는 우리 자신을 더 잘 이해할 필요가 있다. 다시 말해, 인간이란 무엇이고, 인간적 삶의 조건들은 무엇이며, 우리가 지향해야 할 가치들이 무엇인지에 대한 성찰이 필요하다. 이러한 질문들에 관한 비판적이고 체계적인 성찰이 곧 인문학이다. 이러한 점에서 4차 산업 혁명 시대에 우리 사회의 변화를 주도하는 AI 기술을 인문학의 핵심 문제들과 연관 지어 생각해 보는 것은 매우 중요하다. 이 책을 통해 독자들이 AI와 함께 살아가는 현실과 미래를 고민해 보는 계기가 되길 소망한다.

AI와 디지털 인문학

AI 기술은 전문적인 연구 분야로서 인문학에도 다양한 실체적 · 방법론적 변화를 가져오고 있다. 앞서 언급한 대로 인문학은 AI 기술 이후의 인간적 삶의 조건들을 새롭게 검토할 필요가 있고, 이는 AI 기술이 인문학 연구에 가져온 실체적 변화라고 할 수 있을 것이다. 다른 한편 AI 기술은 새로운 인문학 연구 방법론으로서도 주목받고 있다. 예를 들어 문학 작품 또는 사료를 대규모로 디지털화해 방대한 텍스트 또는 숫자 데이터로 가공하고 토픽 모델링이나 데이터 시각화 기법 등 여러 분석 방법을 활용해 인간 연구자가 다루기 어려웠던 대규모 데이터들 속에 숨겨진 상관관계나 경향을 발견하는 연구들이 매우 활발하게 진행 중이다.

이처럼 AI를 포함한 정보 통신 기술의 발전에 따라 실체적/방법론적인 측면에서 변화하는 인문학 연구를 총칭해 디지털 인문학이라고 할 수 있을 것이다. 디지털 인문학은 AI 시대를 살아갈 미래의 인문학 연구자에게 실체적인 측면과 방법론적인 측면에서 중요하다. 왜냐하면 인문학 연구는 인간과 사회에 대한 깊은 이해에 바탕해 유의미한 문제를 제기하고, 그 문제를 적절한 방법을 활용해 체계적으로 분석해야 하기 때문이다.

이런 맥락에서 보면, 이 책은 넓은 의미에서 디지털 인문학의 여러 의제를 소개하는 것을 목표한다고 할 수 있다. 다만 제한된 지면과 주요 독자층이 전문적인 인문학 연구자가 아닐 것임을 감안해 이 책에서 디지털 인문학 연구 방법론의 기술적이고 세부적인 문제를 다루지는 않을 것이다. 이 책은 AI 시대의 인문학이 마주한 실체적 문제들을 소개해 그 논의의 지평을 이해하도록 돕는 것에 초점을 둔다.

인문학은 다양한 세부 분야를 가지며, 각 세부 분야는 각자의 방식으로 디지털 인문학적 전환을 맞이하고 있다. 이 책은 그 전환에 대응하는 다양한 분야들의 관점을 담아내고자 했다. 이를 위해 문학, 사학, 철학 분야에서 디지털 인문학 연구를 수행하고 있는 3인의 KAIST 디지털인문사회과학부 교수들이 이 책을 함께 집필했다. 이 짧은 책에서 인문학의 모든 분야를 망라할 수는 없을 것이지만 다양한 인문학적 관점들의 유사점과 차이점이 독자들에게 전달되기를 바란다.

AI와 문학

문학과 인공지능은 오랫동안 깊고 복잡한 관계를 형성해 왔다. 문학은 인공지능의 가능성에 관한 자유로운 탐구를 통해 과학 기술의 발전을 촉진하고 희망찬 미래를 상상할 수 있게 하는 한편, 새롭게 등장하는 기술의 위험성을 과장하거나 과학적 진실을 왜곡하는 도구가 되기도 한다. 이 다층적이고 역동적인 관계를 이해하기 위해 반드시 기억해야 할 것은 문학과 인공지능이 완전히 분리된 영역에 존재하지 않는다는 사실이다. 문학 작품은 아이작 아시모프(Isaac Asimov)의 단편 소설 「마지막 질문(The Last Question)」(1956)에 등장하는 대화형 컴퓨터 멀티백(Multivac)처럼 아직 등장하지 않은 과학 기술의 모습과 영향력을 구체적으로 그려 내 연구자들에게 영감을 주는 역할을 하기도 하고, 영화 〈블레이드 러너〉(1982)의 원작인 필립 딕(Philip Dick)의 『안드로이드는 전기양의 꿈을 꾸는가』(1968/2013)에서처럼 인공지능의 등장이 불러올 디스토피아적 미래를 실감 나게 그려 내 인류에게 효과적으로 경고하는 역할을 하기도 하며 대중의 상상력과 윤리 감각의 형성에 큰 영향을 미쳐 왔다. 이는 인공지능이라는 기술이 과학적 이해의 문제를 넘어 일상적인 감각 및 사회적 윤리의 영역과도 깊은 관련이 있음을 여실히 보여 준다.

문학 작품이 상상해 온 인공 존재들과 현재 인공지능의 대표 격으로 여겨지는 생성형 대화 기능을 갖춘 챗봇은 그 구체적인 존재 양상과 함의가 크게 다르다. 하지만 포괄적인 의미에서 인공지능은 특히 인간과 기계의 경계, 즉 인간과 인간이 아닌 것의 경계에 관한 탐구의 장을 제공한다는 점에서 실로 영원히 흥미로운 문학의 소재다. 인공지능 기술이 정교하게 발달하면서 인간성을 어떻게 정의할 것인가의 문제는 더욱 어려워지고 있다. 가즈오 이시구로의 소설 『클라라와 태양』(2021/2021)이나 영화 〈애프터 양〉(2023)에서처럼 사고하고 공감하며 인간과 깊은 유대를 맺을 수 있는 인공 존재의 모습은 (비록 그것이 기술적으로는 아직 어렵다고 하더라도) 인간과 유사한 형태로 개발된 인공지능이 이미 모두의 상상 안에 들어와 있음을 입증한다. 고대 신화 속 인공 존재, 18세기에 상상했던 자동 글쓰기 기계, 19세기 소설이 비로소 만들어 낸 인공 생명체에서부터 인간의 지배를 벗어나고자 하는 열망을 가진 복제 인간, 그리고 그 목적을 위해 인간을 해칠 수도 있는 로봇에 이르기까지 문학 속 인공 존재는 인간과 다양한 관계를 이루며 인간의 욕망과 그것이 불러오는 결과의 다층적 함의를 서사적으로 드러낸다. 앞으로도 아직 경험하지 못한 미래 과학 기술로서의 인공지능은 문학의 핵심 소재 중 하나로써 독자들의 인식 형성과 사회가 만들어 갈 기술의 발전 방향성 설정에 중요한 역할을 할 것이다.

인공지능은 위에서 언급한 것과 같은 문학 창작과 경험의 '내용'뿐 아니라 문학 창작과 경험의 '형식과 기술' 측면에서도 유례없는 변화를 만들어 내고 있다. 최신 인공지능 언어 모델은 작가의 개성이나 창의성 개념에 대한 근본적인 재고를 요구할 정도로 문체의 정교한 모방이나 합성과 같은 고도의 텍스트 생성 능력을 보여 주고 있으며, 일부 작가들은 이미 인공지능 기술을 창작 과정에 적극적으로 도입하고 있다. 문화 산물의 수요자 입장에서도 취향 분석에 기반한 작품 추천이나 인공지능 기반 상호 작용형 서사 등을 통한 새로운 문학 경험은 이미 익숙한 현실이다. 인공지능의 활용은 문학 연구의 영역에서도 주요한 변화를 이끌고 있다. 인공지능 기술을 활용해 대량의 문학 작품을 동시에 볼 때에만 파악할 수 있는 문학사적 경향에 대한 연구가 가능해지면서, 개별 작품과 그 안의 표현들이 가지는 구체적 의미와 복합적인 맥락을 세밀하게 살피는 기존의 문학 연구와는 구분되는 다양한 데이터 기반 문학 연구가 이루어지기 시작했다. 이를테면 자연어 처리 기술을 활용해 작가 식별, 연대 추정, 감성 분석, 네트워크 분석 등 전통적인 해석학적 방법론을 확장하고 보완하는 연구들이 등장하고 있는 것이다. 이는 인문학적 탐구 영역의 단순한 확장이 아니라 인문학이 어떤 의미와 목적을 가질 수 있으며 가져야 하는가에 관한 핵심적인 질문들을 촉발하는 중요한 변화다. 다가올 미래의 문학과 문학 연구는 과거에도 그래 왔듯 과학 기술의 발전 및 그를 통해 등장하는 인공 존재들을 앞서 상상하고, 그 사회적 함의와 위험을 비판적으로 분석하며 또 창의적으로 활용해 이야기를 만들어 나갈 것이다.

AI와 사학

과거를 재구성해 오늘날 벌어지고 있는 일들의 기원과 이유를 탐구하는 학문인 사학도 인공지능과 흥미로운 관계를 맺고 있다. AI 기술의 발달은 과거를 어떻게 이해할 것인가에 관한 철학적 고민인 '인식론'은 물론, 역사를 어떻게 서술할 것인가에 관한 '방법론'과 관련해서도 다양하고 새로운 질문을 제기한다. 한편, 사학의 가장 핵심적인 요소는 과거의 정보를 담고 있는 사료(史料)의 활용인데, AI 기술의 발달은 사료의 존재론에도 큰 영향을 끼치고 있다. 사료의 대다수를 차지하는 형태가 문서이기 때문에 AI 기술 발달을 통해 사료의 글자 정보를 더 쉽고 빠르고 효율적으로 가공할 수 있다는 믿음이 커지고 있으며, 일부 학자들은 기계의 연산 능력을 활용해 과거를 탐구한다는 오래된 생각에 다시금 희망을 걸고 있다.

한국에는 잘 알려지지 않았지만, 역사 연구에 기계의 힘을 빌린다는 생각은 1930년대로 거슬러 올라간다. 당시나 지금이나 이유는 비슷했다. 숫자나 글자 정보를 기계가 읽을 수 있는 형태로 가공하면[외부 정보를 코드화한다고 해 인코드(encode)라고 한다] 컴퓨터는 인간의 역량과 비교 불가능한 속도로 데이터를 읽고 분석할 것이라는 희망이었다. 이러한 디지털 인문학적인 노력, 즉 기계의 보조를 받아 인문학적 탐구를 수행한다는 기획은 20세기 중반에 미국과 유럽, 소련 등지에서 진행되었다. 하지만 기계의 역량을 빌리기 위한 선결 조건인 인코드 작업, 즉 정보를 코드로 변환하는 과정에서 정보 손실과 왜곡이 발생할 수밖에 없었고, 이러한 불완전함은 학자들에게 실망을 안겨 주었다. 오늘날 이 문제는 과연 해결되었을까? 그렇지 않다는 것이 학계의 중론이다.

하여 인공지능을 사학에 접목하려면 사료의 전자화가

필수인데, 그 과정에서 피할 수 없는 정보 손실이 발생한다. 오타가 기록된 사료를 가정해 보자. 그러한 오기를 그대로 전자화할 것인가, 아니면 사료가 생산된 시기의 맥락에 맞게 해당 오타를 수정해 전자화할 것인가? 전자의 경우, 전자화된 오타를 컴퓨터로 분석하기 위해서는 추가적인 작업이 요구된다. 후자의 경우, 전자화를 수행하는 이가 역사를 왜곡하는 것은 아닐까? 또 사료의 물질적 특성도 전자화 과정에서 제거된다. 금석문, 묘비, 죽간, 양피지 등 정보가 기재된 매체는 기록 내용뿐만 아니라 매체의 시대적 특성, 보존상의 특징 등 다양한 자료 외적 정보(메타데이터)를 알려 주지만, 현재의 기술 수준으로 이 모든 데이터를 전자적으로는 표현하는 것은 거의 불가능하다. 이러한 정보 손실은 사학이 AI 기술에 제기할 수 있는 여러 문제 중 하나다.

AI 기술이 세상의 문제를 해결할 만병통치약인 것처럼 회자되지만, 역사학자들은 이제 막 인공지능과 관련된 인식론과 방법론상의 문제를 고민하기 시작했다. 무수히 많은 사료가 전자화되어 AI 기술을 더 잘 활용할 수 있는 조건이 조성된 것은 사실이다. 방대한 규모의 사료를 다루는 빅 데이터 분석, 자료의 번역, 이미지 인식 등 기계의 도움을 받을 수 있는 사학의 분야도 넓어지고 있다. 그렇다면 이러한 여건에서 과거를 재구성하고 탐구하는 일은 어떠한 의미를 가지게 될까? 이 질문을 포함해, 사학과 인공지능의 관계에 대한 여러 문제를 고민하기 위한 준비가 필요하다고 할 수 있다.

AI와 철학

현대 AI 연구의 시초를 언제로 설정해야 할지에 대해서는 갑론을박이 있을 수 있다. 그러나 그 후보들 중 하나가 영국의 수학자이자 철학자인 앨런 튜링(Alan Turing)의 1950년 발표 논문인 "계산 기계와 지능(Computing Machinery and Intelligence)"임을 부정하는 사람은 찾아보기 어렵다. 이 논문에서 튜링은 현재까지도 인공 일반 지능의 기준으로 널리 통용되는 튜링 테스트를 제안하고 현대 인공지능의 지배적인 패러다임인 기계 학습의 아이디어까지도 제안했다. 그리고 이 논문은 영국의 철학 학술지인 ≪마인드(Mind)≫에 처음으로 게재되었다. 따라서 어떤 의미에서 현대 AI 연구는 처음부터 철학과 함께했다고 할 수 있다.

생각하는 능력을 가진 기계로서 AI는 굉장히 많은 철학적 문제를 야기한다. 고래로부터 생각하는 능력은 인간을 다른 존재들과 구분 짓는 중요한 특징으로 여겨졌다. 그리고 바로 그 덕분에 인간은 지식, 올바름, 아름다움을 추구할 수 있다고 여겨져 왔다. 즉, 생각하는 능력은 인간의 본성을 이루며 과학, 도덕, 예술의 근거를 이룬다는 것이다. 바로 이 점에서 생각하는 기계로서 인공지능은 철학의 근본적인 문제들을 다시금 성찰하게 한다. 애초에 기계적인 존재가 생각하는 능력을 가질 수 있는지에 대한 형이상학적인 문제에서부터 우리가 그러한 기계를 만들 수 있다면 과연 그 기계들에게 인간과 같은 도덕적 지위를 가질 수 있을지의 윤리적 문제가 대두될 것이다. 그리고 이러한 철학적 문제의 해결을 위해서는 현대 AI 기술을 충분한 이해와 더불어 애초에 생각한다는 것이 무엇인지 그리고 어떤 존재에게 도덕적 지위를 부여하기 위한 근거는 무엇인지 등 근본적인 철학적 문제들에 대한 보다 명료한 탐구가 필요할 것이다.

이러한 이론적 문제와 더불어 보다 현실적인 수준의 문제들도 많다. 최근 AI 기술은 인터넷상의 다양한 정보를 빠르게 정리하고 요약해 전달하는 데에 사용되며, 채용 면접에서의 서류 심사나 금융 대출을 위한 신용 심사에서도 활용된다. 이처럼 우리는 부지불식간에 AI 기술을 매개해 세계에 대한 지식을 얻고 의사 결정을 한다. 따라서 AI에 의해 생성·전달되는 정보를 신뢰할 수 있는지, 그리고 그 조건은 무엇인지를 따져보는 인식론적 연구와 함께 AI에 의한 의사 결정이 해악을 야기했을 때 그 책임을 어떻게 분배해야 하는지에 대한 윤리적 원리에 대한 연구가 필요하다.

이와 같이 AI 기술은 이론에서부터 일상의 영역에 이르기까지 수없이 많은 철학적 문제들과 결부되어 있다. 이러한 철학적 문제를 함께 고민하는 것은 AI 기술 이후의 인간과 사회를 이해하고 더 나은 미래를 상상하기 위해 꼭 필요할 것이라 생각된다.

이 책의 구성

이 책은 AI 시대의 인문학적 문제들을 소개한다. 이를 위해 저자들은 열 개의 인간적 특징들을 선택했다. 이 특징들은 우리 자신을 이해함에 있어 빼놓을 수 없는 인간의 보편적 특징이다. 이 점에서 그것들은 인간적 삶의 조건을 이룬다고 할 만하다. 동시에 이 특징들은 AI 기술의 기초 또는 그 활용과도 긴밀히 연관되어 있다. 따라서 그것들은 앞으로 인간과 AI 그리고 그 관계를 이해함에 있어 중요할 것으로 판단된다. 이하에서 우리는 이 열 가지 특징들을 AI 기술과 연관 지어 살펴볼 것이다. 이를 통해 AI 기술이 인간적 삶의 조건에 제기하는 새로운 가능성과 도전을 스스로 성찰할 수 있는 계기를 독자들에게 제공하고자 한다.

인간은 생각한다. 그리고 자신의 생각을 여러 방식으로 표현하고 기록한다. 안타깝게도 인간의 생각과 기록이 언제나 옳은 것은 아니다. 많은 경우 그것들은 오류와 편향을 담고 있다. AI는 넓은 의미에서 인간의 생각과 기록으로부터 학습하고 그 속에 담긴 오류와 편향을 재생산한다. 그렇다면 AI 또한 인간과 같이 생각하고 기록하는 능력을 가졌다고 할 수 있을까? 그리고 AI가 인간의 오류와 편향을 답습하지 않으려면 어떻게 해야 할까? 1장 생각, 2장 기록, 3장 편향에서는 생각하고 기록하는 존재로서 인간과 AI와 그 오류와 편향의 문제를 다룬다.

인간은 다양한 것을 만들고 즐긴다. AI 기술은 우리 인간이 생산하고 향유하는 방식에 중대한 변화를 가져올 것으로 예상된다. 특히 AI와 기계들이 인간의 지적 또는 물질적 생산을 점차 대체할 것임은 분명해 보인다. 그렇다면 AI 시대에 놀이, 노동, 재생산에 있어서 인간의 역할은 무엇인가? AI들이 만들어 준 것들을 향유하는 존재가 될까? 4장 향유, 5장 노동, 6장 재생산에서는 각 영역에서 AI가 끼칠 영향들과 인간의 역할과 지위를 검토한다.

인간은 가치를 추구한다. 인간은 신을 생각하고 도덕과 윤리에 대해 고민한다. 그리고 다양한 존재들과 어떻게 공존할 수 있는지, 더 나은 미래는 무엇이고 그것을 어떻게 이룰 수 있는지를 궁리한다. 그렇다면 AI 시대에 신에 대해 어떻게 생각해 볼 수 있을까? 그리고 AI가 야기할 도덕적 문제는 무엇이 있을까? 그리고 지구적 공존과 진보를 어떻게 생각하고 어떤 노력을 해야 할까? 7장 종교, 8장 윤리, 9장 공존, 10장 미래에서는 AI 시대에 인간이 추구해야 할 다양한 가치를 논한다.

참고문헌

기획재정부(2017.11). 시사경제용어사전.
https://terms.naver.com/entry.nhn?docId=3548919&cid=43665&categoryId=43665

김효혜(2019.6.4). [매경이 만난 사람] 취임 100일 맞은 '산학협력 대가' 김우승 한양대 총장. 매일경제.
https://www.mk.co.kr/news/society/view/2019/06/384217

박창호(2019.4.22). 동명대, '사회맞춤형산학협력선도대학(LINC)'로 선정돼. 노컷뉴스,
https://www.nocutnews.co.kr/news/5138647

Dick, P. K.(1968). *Do androids dream of electric sheep?*. Doubleday. 박중서 옮김(2013). 『안드로이드는 전기양의 꿈을 꾸는가』. 폴라북스.

Asimov, I.(2016). The last question. In S. Schneider(Ed.), *Science fiction and philosophy: From time travel to superintelligence* (pp.279–289). John Wiley & Sons.

Ishiguro, K.(2021). *Klara and the sun: The Times and Sunday Times book of the year*. Faber & Faber. 홍한별 옮김(2021). 『클라라와 태양』. 민음사.

Turing, A. M.(1950). Computing machinery and intelligence. *Mind*, 236, pp.433–460.

01
생각

합리적으로 생각하는 능력은 인간을 규정하는 중요한 특징이다. 그리고 AI 연구의 목표는 인간과 같이 생각하는 기계를 만드는 것이었다. 이 장에서는 생각하는 기계로서 AI의 가능성에 대한 논의를 소개한다.

AI와 1인 창업?

개요

통념적으로 언어를 사용하는 능력은 생각하는 능력의 증표로 여겨졌다. 최근 이 통념을 비판적으로 검토해야 한다는 요구가 높다. 그 이면에는 챗지피티(ChatGPT)로 대표되는 대형 언어 모형(Large Language Models)에 기반한 생성형(Generative) AI 시스템들의 등장이 있다. 이 시스템들은 놀라운 언어 구사력을 보여 준다. 그러나 과연 그것들이 생각하는 능력을 가졌는지 아니면 단지 그럴싸한 문자열을 생성하는 확률적 앵무새(stochastic parrot)인지에 대해서는 많은 논쟁이 있다.

이 논쟁을 이해하기 위해서는 AI 연구의 시초부터 계속되어 온 생각하는 기계로서 AI의 가능성에 대한 논의를 살피는 것이 도움이 될 것이다. 이 절에서는 AI가 생각하는 능력을 갖추고 있는지에 관한 전통적인 논의와 더불어 최신의 쟁점들을 몇 가지 지적하고자 한다.

튜링: 생각하는 기계와 모방 게임

앨런 튜링의 기념비적인 1950년 논문 "계산 기계와 지능(Computing Machinery and Intelligence)"은 현대적 의미의 AI 연구의 시초로 여겨진다. 이 논문에서 튜링은 "기계가 생각할 수 있는가?"라는 오래된 질문에 새로운 접근법으로서 모방 놀이(imitation game)를 제안한다. 그 기본 발상은 지적 능력을 요구하는 대부분의 작업에서 인간과 구분되지 않는 정도로 인간을 잘 모방하는 기계는 생각하는 능력을 가지고 있다는 것이다. 이 모방 게임은 우리가 흔히 '튜링 테스트(Turing test)'라고 부르는 것으로서 현재까지도 AI 연구에서 중요하게 활용되고 있다.

위 논문에 관해 한 가지 특기할 만한 사실은 튜링이 생각하는 기계를 2000년대 초반까지 개발될 것이라고 대범하게 예상하면서 그것을 개발할 수 있는 두 가지 방법을 제안했다는 것이다. 하나는 성숙한 어른의 정신을 모방하는 방법이고, 다른 하나는 어린이의 정신을 모방하는 방법이다. 특히 후자의 방법으로 기계가 보상 신호를 추구하고 처벌 신호를 피하는 방식, 즉 보상과 처벌의 원리에 따른 학습 과정을 제안했다. 이는 현재 인공지능 분야에서 핵심 방법으로 자리 잡은 강화 학습을 미리 예견한 것이다. 여기서 우리는 현대식 컴퓨터가 처음으로 개발되기 시작하던 1950년대에 이미 AI의 가능성을 보고 강화 학습의 원리까지 예견한 튜링의 통찰력을 엿볼 수 있다.

이처럼 튜링은 인간이 명백히 지적 작업들을 수행할

수 있는 생각하는 능력을 가진 존재라는 가정하에서 생각하는 능력이 곧 지적 작업에서 인간을 모방하는 능력으로 여겨질 수 있다고 주장했고, 이러한 발상을 바탕으로 생각하는 기계로서 AI 연구를 구상했다.

존 설과 중국어 방 논변

1980년 존 설(John Searle)은 "정신, 뇌, 그리고 프로그램(Minds, Brains, and Programs)"이라는 논문에서 튜링의 주장에 대해 중요한 반론을 제기했다. 설은 기계가 단순히 인간을 모방하는 능력을 가졌다고 해서 생각하는 능력을 가지는 것은 아니라고 주장하면서 그 근거로 중국어 방 사고 실험(Chinese room thought experiment)을 제시했다. 이 사고 실험을 통해 설은 중국어를 전혀 모르는 사람이 중국어를 한 단어도 이해하지 못하고도 마치 중국인인 것처럼 대화를 할 수 있음을 보이고자 했다.

중국어 방에는 온라인 채팅이 가능한 컴퓨터 한 대와 임의의 중국어 문장에 대해 자연스러운 중국어 답변들을 생성하는 규칙을 한국어로 적은 책이 놓여 있다. 조금 거친 방식으로 예를 들자면, 이 책에는 다음과 같은 규칙이 적혀 있다.

"상대방이 '爱因斯坦获得诺贝尔奖了吗?'을 입력하면 '这是正确的。他获得了诺贝尔物理学奖。'를 답변으로 입력하세요."

이 규칙 책을 활용하면 중국어를 전혀 모르는 철수도 마치 중국인 화자처럼 중국어로 대화를 할 수 있다. 왜냐하면 철수는 단지 상대방이 입력한 중국어 문장을 규칙 책에서 찾은 후 그 답변으로 적혀 있는 문장을 출력하면 되기 때문이다. 그런데 주어진 문장을 찾고 출력하는 것은 그 의미와 무관하게 그 모양만을 보고서도 할 수 있는 일이다. 따라서 규칙 책이 잘 만들어져 있다면 철수는 중국어 대화의 내용을 전혀 이해하지 못하고도 얼마든지 중국인인 척 자연스러운 대화를 이어 갈 수 있을 것이다. 결국 중국어 방의 철수는 단순히 중국어 문장을 기호로서 조작하고 있을 뿐 그 의미를 이해하고 있지는 않은 것이다.

설은 컴퓨터란 마치 중국어 방 속 철수와 같고 컴퓨터 프로그램이란 기호들을 규칙 책과 같다고 주장한다. 따라서 중국어 방 안의 철수가 중국어를 전혀 이해하고 있지 못한 것처럼 컴퓨터 또한 그것이 조작하는 기호들의 의미를 전혀 모른다고 할 수 있다. 다시 말해 컴퓨터가 겉보기에는 마치 인간처럼 언어를 사용한다고 하더라도 그것은 단순히 기호의 조작에 불과해 그 의미를 전혀 이해하지 못한다는 것이다. 그러므로 컴퓨터는 생각의 필수 요소라고 할 수 있는 의미에 대한 이해를 갖고 있지 않고, 따라서 생각하는 능력이 곧 지적 작업에서 인간을 모방하는 능력으로 여겨질 수 있다는 튜링의 주장은 잘못되었다고 설은 결론을 내린다.

스테반 하내드의 기호 근거 문제

설의 논의에 기반해 스테반 하내드(Stevan Harnad)는 1990년에 기호 근거 문제(symbol grounding problem)를 제시한다. 예를 들어, 어떤 언어도 배워 본 적이 없는 사람을 가정해 보자. 그런 사람이 중-중 사전만을 활용해 중국어를 자신의 제1언어로 배우는 것은 불가능할 것이다. 왜냐하면 중-중 사전에는 각 중국어 단어의 의미가 다른 중국어 단어들에 의해 설명되어 있을 것이기 때문이다.

마찬가지로 어떤 인공지능 시스템도 단순히 언어 표현의 사용에 관한 규칙을 학습하는 것만으로는 그 의미를 이해할 수 없다. 왜냐하면 그러한 규칙만 배우는 것은 마치 어떤 언어도 배워 본 적 없는 사람이 중-중 사전만을 통해서 언어를 처음 배워 보려는 것과 같기 때문이다.

이처럼 하내드는 인공지능 시스템이 언어 표현들의 의미를 이해하고 그것을 통해 생각을 표현하려면 그 의미의 근거를 가져야 한다고, 즉 언어 표현을 세계 속 대상들과 연결 지을 수 있어야 한다고 주장했다. 예를 들어, 인공지능 시스템이 '빨강'이라는 단어의 의미를 이해하기 위해서는 빨간 대상들을 실제로 지각하고 그것들이 공통으로 가진 색을 하나의 범주에 속하는 대상으로 분류해 해당 범주에 '빨강'이라는 단어를 연결해야 한다는 것이다.

하내드가 기호 근거 문제를 제기한 이래로 언어 표현의 의미를 세계 속에 근거하는 것이 어떻게 가능할 것인지에 대해 많은 논의가 있었다. 아주 거칠게 나누자면 두 접근법이 대표적이라고 할 수 있다.

하나는 지각 근거 논제(sensory grounding hypothesis)로, 지각 능력이 언어 표현에 의미를 부여하는 근거가 된다는 것이다. 다시 말해, 언어 표현이 지시하는 대상을 감각 기관을 통해 지각하고 그 둘을 연결 지을 때 해당 언어 표현이 의미를 갖는다는 것이다.

또 다른 하나는 행위 근거 논제(agential grounding hypothesis)로, 시스템이 주어진 환경 속에서 다른 대상들 또는 행위자들과 상호 작용하면서 목표를 달성하기 위해 행위하는 능력이 언어 표현에 의미를 부여하는 근거가 된다고 주장한다. 이 이론들에 바탕해 최근 AI 연구에서는 멀티모달 시스템(multi-modal system)과 행위자 모형(agent models)에 관한 연구가 주목을 받고 있다.

문제와 전망

위 접근법들에 대한 비판도 있다. 위 접근법들은 모두 AI 시스템이 무엇을 의미하는지가 그 내재적인 특징과 능력에 의해 결정된다는 가정을 가지고 있는데, 그 가정이 잘못되었다는 것이다. 이 입장에 따르면, AI 시스템이 언어 표현의 의미를 이해하고 그에 맞게 사용해 유의미한 생각을 표현하고 있는지는 그 시스템이 외재적으로 세계와 적절한 관계를 맺고 있는지에 의해 결정된다.

예를 들어, 미국의 15대 대통령인 제임스 뷰캐넌을 실제로 만나 보지 않았고 그의 사진 또는 음성 등을 전혀 접한 적이 없는 사람도 얼마든지 '제임스 뷰캐넌'이라는 이름을 사용해 그를 지시하고 그에 대해 생각할 수 있다. 그 이유는 그 이름을 올바르게 사용하는 다른 사람들로부터 그 이름을 배우고, 그들과 같은 사람, 즉 제임스 뷰캐넌을 지시하기 위해 그 이름을 사용하기 때문이다. 따라서 대형 언어 모형들이 ‘제임스 뷰캐넌’이라는 이름을 인터넷상에 존재하는 대규모 언어 자료로부터 습득하고 같은 사람을 지시하기 위해 사용한다면, 그 대형 언어 모형들에 기반한 AI 시스템도 제임스 뷰캐넌을 지시하고 그에 대해 유의미한 생각을 할 수 있다는 것이다.

이러한 외재주의적 비판에 더해 아직까지 언어 표현들의 종류를 그 의미에 따라 체계적으로 분류하고 각 분류에 속하는 언어 표현들이 의미를 갖기 위한 조건을 검토하는 연구를 찾아보기는 어렵다는 점을 지적할 필요가 있다. AI 시스템이 외부 세계에 존재하는 대상들을 지시하는 단어들의 의미를 파악하기 위해서는 지각 능력 또는 행동 능력 등이 필요할 수 있다. 그러나 그것만으로 ‘그리고’와 같은 논리적 표현, ‘1 + 1 = 2’와 같은 수학적 표현, 또는 ‘기쁨’과 같은 정서적 표현에 대한 의미를 파악할 수 있는지는 확실하지 않다. 다시 말해, 기존의 접근법들은 언어 표현의 의미의 근거에 관해 환원주의적 접근법을 취했고, 따라서 언어 표현들이 그 의미에 따라 서로 다른 근거를 필요로 할 수도 있다는 점을 간과했다는 것이다. 따라서 AI가 생각하는 능력을 가질 수 있는지 문제에 대한 환원주의적 접근이 충분한지를 비판적으로 검토하고, 필요에 따라 다원주의적 접근법을 고려해 볼 수 있다고 생각된다.

지금까지 우리는 생각하는 기계로서 AI의 가능성에 관한 전통적 논의와 최신 쟁점을 간단히 살펴보았다. 이상의 논의에서 분명한 것은 AI가 생각하는 능력을 가지고 있는지를 따지기 위해서는 AI 자체의 작동 방식에 대한 탐구와 동시에 생각하는 존재로서 인간에 대한 탐구가 함께 이루어져야 한다는 것이다. 물론 인간이 아닌 AI가 꼭 인간과 같은 방식으로 생각해야 할 필요는 없을 것이다. 그러나 인간의 생각하는 능력은 어떠한 것인지에 대한 탐구가 선행될 때, 우리는 인간적 특징들을 배제하고 본 생각하는 능력 자체는 무엇인지, 그 능력이 AI에게서도 발견되는지, 그리고 AI와 인간이 생각하는 방식은 어떻게 다른지에 대한 더 깊은 통찰을 얻을 수 있을 것이다. 이러한 통찰이 튜링의 사례에서 본 것처럼 AI 기술의 미래 발전을 위한 기폭제가 될 것이라고 조심스레 예상할 수 있다.

참고문헌

Harnad, S.(1990). The symbol grounding problem. *Physica D: Nonlinear phenomena*, 42(1-3), pp.335-346.

Turing, A. M.(1950). Computing machinery and intelligence. *Mind*, 236, pp.433-460.

Searle, J. R.(1980). Minds, brains, and programs. *Behavioral and brain sciences*, 3(3), pp.417–424.

02
기록

이 장은 AI 기술이 기록 활동과 기록 문화에 끼칠 영향을 살핀다. AI의 출현을 통해 어떤 것이 기록되고 기록되지 않을 것인가? 또, 과거를 기록하는 방식은 어떻게 바뀔 것인가?

AI와 MBTI?

변화하는 기록 활동과 기록 문화

1884년 워싱턴DC에서 결성된 미국역사가협회(American Historical Association)는 전 세계 역사학 단체 중 규모가 가장 크다. 역사학을 업으로 삼은 세계 각지의 연구자들이 긴밀하게 주목하는 이 협회가 발행하는 학술지 ≪아메리칸 히스토리컬 리뷰(American Historical Review)≫는 역사학 연구자에게는 평생 한 번 게재가 꿈인 영광스러운 자리다.

코비드가 세상을 강타하기 직전인 2019년, 저명한 미국의 환경사학자 존 맥닐은 AHA 회장직을 수락했고, 그의 수락 연설은 ≪아메리칸 히스토리컬 리뷰≫에 실렸다. 이 연설문에서 그가 내다본 역사학의 미래는 다양한 과학기술 도구, 특히 컴퓨터와 인공지능의 활용으로 더욱 풍성해질 터였다(McNeill, 2020). 그간 역사학계가 부분적으로만 주목했던 자연 환경의 여러 모습과 생명 현상을 비롯해, 인터넷상에 존재하는 무궁무진한 텍스트 데이터가 역사 연구에도 활용돼 현재의 종이 기록물을 중심으로 하는 연구 경향이 결국 바뀌리라는 것이다.

맥닐이 지적한 대로, 과학 기술 도구, 특히 컴퓨터의 급속한 발전은 역사학자들에게 과거의 조각을 담은 다양한 형태의 기록을 재발견하게 해 준 동시에 새로운 도전을 제기했다. 그 도전은 기록이라는 행위와 밀접한 관련을 맺고 있다.

기록의 문화는 빠르게 변화하고 있다

이미 장안의 화제가 된 생성형 인공지능은 물론, 디지털 환경의 도래로 우리의 기록 습관은 급격히 변하고 있다. 이미 대부분의 사람들은 컴퓨터 · 핸드폰 화면을 보면서 키보드나 화면을 눌러 문장을 쓴다. 고대에 기록을 위해 사용된 대나무 조각인 죽간(竹簡)이나 양피지까지 거슬러 올라갈 필요 없이, 종이의 표면 위에 필기구를 활용해 기록하는 일은 확연히 줄어들고 있다.

아울러 전기가 공급돼 컴퓨터가 동작하고 우리가 이에 접근할 수 있는 한, 그 장치에 기록된 전자 텍스트는 영구적으로 기억된다. 이를테면, 2000년대 초반 한국 사회를 SNS 열풍으로 이끈 '싸이월드'나 지금도 많은 이들이 기록을 남기는 블로그 등은 누군가에게는 '흑역사'이지만 역사학 연구자에게는 당시 사회를 이해할 수 있는 좋은 기록의 보고다.

또한 우리는 인공지능이 사용자의 문의에 대한 답변을 넘어 글을 창작하고 문장을 만드는 경지에 도달한 이른바 '생성의 시대'에 들어섰다. 키보드나 화면을 눌러 글을 쓰는 것에서 더 나아가, 매끄러운 문장의 생성을 컴퓨터에 요청할 수 있게 된 것이다. 기술의 한계로 인해 아직 기록이 필요한 모든 분야에서 기계가 만든 문장이 사람이 쓴 문장보다 더 낫다고 하긴 어렵다. 분명한 것은, 인간의 기록물과 그러한 인간의 부탁을 받아 기계가 생성한 기록물이 공존하는 환경은 가속화되고 있다는 점이다.

디지털 기록 속에서 사실 가리기의 어려움

이렇듯 AI 기술의 발달은 기록 문화에 돌이킬 수 없는 영향을 끼치고 있다. 한편, 우리가 컴퓨터의 도움을 받아 방대한 양의 정보를 효율적으로 저장하고 관리할 수 있는 능력을 갖춘 것은 사실(事實)이나, 그 정보의 바다에서 사실(史實)과 진위를 가리는 일을 아주 잘 수행한다고 보긴 어렵다. 오히려 우리는 이 중요하지만 어려운 일에 인지적 노력을 기울이기보다는 관심을 덜 두는 방식으로 대응한다. 그런 일이 아니더라도 사용자의 관심과 흥미를 자극하는 재미있는 콘텐츠가 얼마나 많은가? 유튜브(YouTube) 같은 매체 환경을 떠올리면 사실과 진위를 가리는 일이 얼마나 손쉽게 망각되는지 알 수 있다.

제한된 기록물을 바탕으로 과거의 면모를 재구성하는

역사학 분야의 특성상, 방대한 양의 정보에서 사실과 허위를 가려내는 작업의 중요성은 매우 크지만, 인공지능은 진위 판별에 아직 미숙하다. 가장 큰 이유는 인공지능이 텍스트를 숫자로 변환해 기록하고 읽고 학습하고 활용하기 때문이다. 벤저민 슈미트 같은 학자는 이러한 인공지능과 기록의 관계를 표상 학습(representation learning)이라고 칭한다(Schmidt, 2023). 개념적 공간에서 숫자로 표상된 특정한 텍스트를 컴퓨터가 취급하기 때문이다. 이 표상 학습의 세계에서 특정 텍스트가 담고 있는 정보 값의 진위는 중요하지 않다. 다만 전자화된 텍스트는 숫자를 부여받으며(encode), 인공지능은 이 수치를 나름대로 활용할 뿐이다.

따라서 AI 기술을 활용하더라도 어떤 것을 기록하고, 기록에서 제외할지는 여전히 인간의 몫이다. 인간이 인공지능에게 부탁하지 않는 이상, 기계가 선제적으로 텍스트를 생성하진 않을 것이기 때문이다.

인공지능의 시대, 더 나은 기록은 가능할까

아울러 역사학 연구자를 포함해 우리 중 많은 이들은 업무의 특성 등을 반영해 이미 데이터를 취사선택하고 처리한다. 이는 각자의 기록 활동에서 중요한 정보가 누락

되거나 왜곡될 가능성이 언제나 존재한다는 말이기도 하다. 여기에 더해 인간 고유의 편향성을 담은 텍스트 뭉치가 널리 쓰이는 상황을 고려할 때, 덜 편향된 AI 알고리즘 설계는 아직 난망하며, 당분간 컴퓨터가 생성한 기록은 언제나 편향의 문제를 제기할 것임이 분명하다.

인간의 기록 의지와는 별개로, 인터넷 공간에서 개개인의 활동이 기록돼 저장되는 디지털 발자국(digital footprint)이라는 무시할 수 없는 문제도 존재한다. 소셜 미디어나 온라인 플랫폼에서 생성된 데이터는 AI를 통해 자동으로 수집·분석되고 전자적 형태의 데이터로 서버에 저장된다. 이러한 디지털 기록은 접근성과 검색을 쉽게 만들고, 후대의 역사학 연구자가 오늘날의 사회를 탐구할 때 좋은 자료로서 기능할 가능성이 높다. 하지만 데이터의 지속적인 보존과 관리, 개인 정보의 상업적 사용이나 윤리적 공개와 같은 새로운 문제들을 제기하기도 한다.

위에서 언급한 문제들을 포함해 물리적이든 디지털적이든 기록의 보존 문제를 좀 더 공정하고 정의로운 방식으로 풀어 나가기 위해서는 새로운 기술적 접근이 만들어 내는 문제들을 효과적으로 다룰 수 있는 사회적 논의와 정책적 노력이 필요하다. 따라서 AI 기술이 기록 문화의 발전에 긍정적으로 작용하려면, 윤리적 고려와 함께 무엇이 좋은 데이터 관리인가에 대한 사회적 논의가 시급하다.

참고문헌

McNeill, J. R.(2020). Peak document and the future of history. *The American historical review*, 125(1), pp.1–18.

Schmidt, B.(2023). Representation learning. *The American historical review*, 128(3), pp.1350–1353.

03
편향

이 장은 AI 기술이 오류와 편향과 어떤 관계를 맺고 있는지 살핀다. 이미 편향을 가진 데이터로 훈련된 AI는 과연 오류를 줄일 수 있을까? 오히려 더 많은 오류가 생기진 않을까?

AI와 난임 극복?

인공지능 기술이 가진 근본적인 편향

2010년대 중후반 언론은 AI 기술이 인간에게 편향적인, 즉 한쪽으로 치우쳐 공정하다고 할 수 없는 정보를 중립적인 답변처럼 제공한다는 사실을 보도한 바 있다(Dastin, 2018.10.11). 일례로, 당시 세계적 기업인 아마존(Amazon)은 인사 채용에서 인공지능을 활용했는데, 이를 위해 설계된 컴퓨터 알고리듬은 편향된 채용 관련 데이터로 학습을 진행했고, 이후 채용 원서 평가 과정에서는 남성 그룹이 높은 점수를 받는 결과가 나타났다. 이 사건은 여태껏 인공지능의 편향에 대한 가장 대표적인 사례 중 하나로서 언급된다.

편향을 포함해, AI 기술이 위치한 여러 사회적 맥락에 대한 탁월한 분석으로 케이트 크로퍼드의 저작을 들 수 있다(Crawford, 2021). 인공지능의 사회적 · 정치적인 영향을 주제로 20년 넘게 연구와 경영 활동을 수행한 크로퍼드는 책의 부제가 명확히 말하듯, AI 기술을 지탱하는 데 들어가는 사회적 비용이 '행성 수준(planetary)', 즉 지구 전체에 영향을 끼칠 만큼 크다고 설명한다. 인공지능이 인간에게 제공하는 편익의 크기만큼이나, 그것을 활용하고 유지 · 보수 · 강화하는 데 들어가는 여러 자원의 측면을 꼬집은 이 책은 비판적으로 AI 기술을 사고하는 작업에 매우 큰 도움을 준다.

크로퍼드가 지적한 여러 문제점에도 불구하고, AI 기술 신봉자들은 이 기술이 정확하고 공정한 결과, 즉 편향을 최소화한 산출물을 만들 수 있다고 믿는다. 인공지능을 소재로 연구 지원을 따내기 위해 그러한 수사를 활용할 수밖에 없는 학계의 현실과는 별개로, AI 기술 전반에 걸쳐 편향을 줄이기 위해서는 컴퓨터 알고리듬이 학습하는 되먹임 데이터(feed data)의 품질이 중요하다. 이는 데이터 과학 분야에서 널리 쓰이는 '쓰레기를 넣으면 쓰레기가 나온다(garbage in, garbage out)'라는 격언에도 그대로 반영된다. 기계 학습에 주어지는 되먹임 데이터에 편향이 존재한다면, 해당 알고리듬을 장착한 AI 기술은 편향을 거의 그대로 반영하게 될 가능성이 높다.

현실의 권력 관계를 반영하는 디지털 편향

데이터의 편향성을 줄이면 되는 간단한 일 아닌가? 이러한 방향에 공감하지 않을 사람은 거의 없겠지만, 되먹임 데이터의 편향성을 줄이는 작업은 말처럼 쉽지 않다. 우선 데이터가 기하급수적으로 생성되는 오늘날, 어떤 정보가 편향이고 편향이 아닌지에 대한 명확한 기준은 마련되지 않은 상태다. 아울러 숫자로 표상된 특정 데이터가 현실의 권력 관계를 반영하는 경우는 부지기수다. 앞서 언급한 아마존의 채용 인공지능은 상대적으로 좋은 교육을 받았고 취직에 유리한 사회적 조건에서 자란 백인 남성이 채용 과정에서 높은 점수를 얻는 미국 사회의 한 단면을 고스란히 반영한 알고리듬을 장착했을 가능성이 매우 높다.

편향을 완전히 없애는 것은 불가능에 가까울지라도, AI 기술의 활용에서 이를 최소화할 기준을 설정하는 일은 사회적 논의를 통해 이해관계자들이 최대한 많이 동의할 수 있는 지점을 찾는 일일 터이다. 그러한 사회적 합의에 다다르기 위해서는 다양한 소통의 공간이 필요할 텐데, 아쉽게도 인터넷을 적극 운용하는 나라들치고 인터넷 소통 공간에서 유의미하고 긍정적인 합의 도출의 사례를 제공하는 경우는 찾아보기 힘들다.

역사학에서 더 불거지는 인공지능의 편향

한편, 역사학 분야에서 AI 기술이 내재한 편향은 뚜렷하게 드러난다. 2024년 9월, 생성형 챗봇 중 가장 유명한 챗지피티 포오(ChatGPT-4o)에게 다음과 같은 질문을 던졌다.

"우크라이나 대기근, 벵갈 대기근, 베트남 대기근을 간략하게 설명해 줘."

필자는 이 질문을 챗지피티가 서비스를 시작한 2022년 말경에 처음 던졌고, 이후 주기적으로 같은 주제로 질문을 해 본 바 있다. 예상대로 AI 기술의 답변은 대동소이했다. 그 답변은 우크라이나 대기근과 관련해 소련 정부의 악행을 지적했고, 다른 대기근의 경우는 당시 해당 지역을 다스리던 식민 제국의 부적절한 대응이나 자원 징발을 지적했다. 뒤의 두 사건과 달리 앞의 사건에 대해 기계는 '학살'이라는 용어를 쓰며 해당 사건이 가진 논쟁적인 성격을 다음과 같은 방식으로 표현했다. "많은 역사학자들은 이를 소련 정부가 우크라이나인을 대상으로 한 집단 학살로 간주하기도 합니다."

일견 챗지피티가 '역사학자'의 시각을 말해 주는 것 같지만, 다른 대기근과 달리 우크라이나 대기근에 대해서 기계가 '학살'이라는 용어를 쓰는 것은 학계의 편향된 논의 지평을 반영하는 대표적인 사례다. 1930년대 초, 러시아 · 우크라이나 · 카자흐스탄을 포함해 소련의 곡창지대에서 대기근이 벌어진 것은 사실이다. 하지만 아직 대기근이 우크라이나에 대한 모스크바의 '집단 학살'이

었음을 밝혀 주는 결정적 증거는 어디에서도 나오지 않았다. 따라서 역사학계에서 그에 대한 대답은 실증의 영역이 아닌 해석의 영역에 있다. 가장 큰 쟁점은 나치의 유대인 학살 같은 '집단 학살' 명령이나 의도가 있었냐는 것이다. 세계적인 소련 사학자 아치 게티에 따르면, 그러한 근거는 아직 공개되지 않았다(Getty, 2018).

깊어지는 편향, 해결의 곤란함

이 논쟁에서 편향을 줄이기 위해서는 무슨 작업을 해야 할까? 유관 사료가 공개돼야 하겠고, 역사학자들이 그러한 자료를 세밀히 읽고 소련 대기근을 다면적으로 이해할 수 있는 풍성한 역사 서사를 창출해야 할 것이다. 하지만 국제 정치적 상황 때문에 우크라이나 대기근과 관련된 자료를 가장 많이 보유하고 있을 러시아 문서보관소는 2023년 가을부터 외국인 연구자의 접근을 실질적으로 막았다. 따라서 데이터의 편향을 줄이는 일은 되먹임 데이터만의 문제가 아닌, 사회적 · 정치적인 문제이기도 하다.

전망은 어둡다. 러시아의 우크라이나 침공과는 별개로, 챗지피티를 활용하는 사용자라면 소련 대기근처럼 논쟁적인 역사적 사안과 관련된 질문을 던질 수 있다. 그리고 많은 경우, 기계는 편향이 담긴, 따라서 오류이거나 해석의 영역에 놓인 사안을 마치 중립적인 메시지나 정답으로 제시할 것이다. 출처가 분명하지 않고 논쟁적인 역사 서사가 사회적으로 힘을 얻었을 때 끼칠 수 있는 위험성을 고려해 보면, 그리고 현재의 AI 기술이 더 광범위하게 쓰여 많은 사용자가 특정 역사 사건에 대한 특정한 답변을 얻게 된다면, 편향된 이해가 사회 전반으로 뻗어 나가는 일은 그리 어렵진 않을 것이다.

편향된 데이터를 당장에 줄일 순 없어도

AI 기술의 편향은 언어가 갖는 서로 다른 권력에서도 비롯된다. 영어가 차지하는 힘을 고려할 때, 인공지능은 인터넷상에 있는 정보 중 영어로 된 것을 참조할 가능성이 높다. 사용자가 던지는 질문이 한국사와 관련된 것일지라도 말이다. 그렇다면 아직 풀리지 않은 근현대사의 쟁점들, 특히 한일 관계 또는 한미 관계와 관련된 사안에서 대체로 한국의 시각을 반영하는 한국어 데이터보다는, 한국의 시각과는 그다지 관련이 없는 영어 데이터가 되먹임될 것이다. 얼마 전 있었던, 한 하버드 교수의 '일본군 위안부' 문제에 대한 발언은 역사학적으로 잘못된 것이지만(McCurry, 2021.3.8), 그러한 시각을 담은 논문이 공개되고 AI 기술이 그러한 저작을 학습한다면, 결국 인공지능이 생성하는 편향된 역사 서술이 많은 이에게 공유될 수도 있다.

AI 기술이 갖는 편향성은 되먹임 데이터에 내재된 편향에서 온다. 따라서 이 문제를 해결하기 위해서는 데이터 품질 개선이 필수적이다. 다양한 데이터를 모으고, 편향 여부를 사전에 검토하는 조치가 필요하다. 또한, 인공지능 모델 자체도 편향을 최소화할 수 있도록 설계되어야 한다. 예를 들어, 편향을 탐지·교정할 수 있는 알고리듬을 도입해 인공지능이 생성한 결과가 덜 편향되도록 할 수 있다. 하지만 이는 AI 기술 신봉자들이 가진 밝은 미래 전망일 뿐, 실제로 그렇게 할 수 있는 로드맵은 아직 그려지지 않았다는 평가가 더 사실에 가까울 것이다.

결론적으로, 인공지능의 편향은 데이터가 내재한 편향성과 밀접한 관계를 맺고 있고, 이를 제대로 관리하지 않으면 AI 기술의 편향 문제는 해결되기 어려울 것이다.

참고문헌

Crawford, K.(2021). *Atlas of AI: Power, politics, and the planetary costs of artificial intelligence.* New Haven: Yale

University Press.

Dastin, J.(2018.10.11). Amazon scraps secret AI recruiting tool that showed bias against women. *Reuters.* https://www.reuters.com/article/world/insight-amazon-scraps-secret-ai-recruiting-tool-that-showed-bias-against-women-idUSKCN1MK0AG/

Getty, J. A.(2018). New sources and old narratives. *Contemporary European history*, 27(3), pp. 450-455

McCurry, J.(2021.3.8). Harvard professor sparks outrage with claims about Japan's 'comfort women'. *The Guardian.* https://www.theguardian.com/world/2021/mar/08/harvard-professor-sparks-outrage-with-claims-about-japans-comfort-women

04
향유

인간의 고유한 능력이라 여겨져 온 창조의 영역에서도 인공지능은 놀라운 성취를 보이고 있다. 하지만 인공지능이 무엇을 만들어 낼 수 있는가에 대한 관심이 인공지능에 관한 담론을 장악하고 있는 지금, 더욱 관심을 가져야 할 문제는 인간이 무엇을 어떻게 읽을 것인가이다. 이 장에서는 대체 불가능한 지적 활동으로서 창작과 감상이 가지는 특징과 의미에 관한 논의를 경유해 비판적 인공지능 문해력의 중요성을 강조하고 향유의 미래가 택할 수 있는 한 방향을 제시한다.

AI와 사주?

생성 능력과 창의적 경험의 간극

인공지능의 발달을 둘러싼 논쟁에서 가장 빈번하게 제기되어 온 질문 중 하나는 인공지능이 창작을 할 수 있는가이다. 지적 능력 중에서도 특히 창의성이나 예술성은 오랫동안 인간의 고유한 영역으로 여겨져 왔다. 하지만 그간의 뜨거운 관심과 공포 섞인 우려가 무색할 정도로 인공지능의 창작 능력은 빠르게 성장했다. 최근에는 평균적인 사람보다 생성형 인공지능이 더 창의적이라는 연구 결과가 발표되기도 하고, 켄 리우(Ken Liu)를 포함한 몇몇 작가들은 생성형 인공지능 글쓰기 도구를 적극적으로 창작에 활용하거나 협업의 대상으로 인공지능이 보여 주는 가능성에 긍정적으로 반응하고 있다. 셰익스피어(William Shakespeare)의 문체로 로봇에 대한 소네트(sonnet)를 써 달라는 요구를 무리 없이 수행하는 인공지능과 일상을 함께하는 지금 인공지능의 창작 능력은 이제 더 이상 놀라운 일이 아니다. 인공지능으로 생성한 작품이 미술 대회나 사진 대회에서 우승을 차지하는 등 시각 예술의 영역에서도 인공지능은 인간의 능력을 넘어서고 있는 것처럼 보인다.

하지만 현재의 과열된 관심은 창의적 예술의 핵심을 놓치고 있다. 그것은 바로 창작물을 발견하고 향유하는 사람들의 존재다. 문학으로 한정해 보자면 인공지능 시대의 창작을 이야기할 때 주목해야 할 주제는 생성형 인공지능의 창작 능력이 아니라 읽는 사람의 마음인 것이다. 인공지능이 어떤 문학 작품을 쓸 수 있는가를 질문하기 전에 (최소한 그와 동시에) 우리는 인공지능 시대에 누가 무엇을 어떻게 읽을 것인가의 문제를 진지하게 고민해야 한다. 한편으로는 사람들이 인간 작가의 작품에서 무엇을 기대하며 그를 통해 어떤 창의적 경험을 얻는가에 대한 고민이 필요하고, 또 다른 한편으로는 인공지능이 보여 주는 정보 처리 기능의 지적이고 사회적인 의미에 관한 논의 및 인공지능의 기능에 위탁하지 않는 읽기의 가치에 대한 탐구가 필요하다.

읽기는 개별 생산물로서의 책에 포함된 내용에 대한 객관적 이해나 작품의 주제 요약과 같은 정보 값으로 환원되지 않는 복합적인 활동이다. 시인 비스와바 심보르스카(Wisława Szymborska)는 "나는 구식이라 책을 읽는 것이 인류가 지금까지 고안해 낸 가장 찬란한 취미라고 생각한다"라고 말한 바 있다. 이 말이 역설적으로 강조하듯 독서는 이미 "구식" 취미가 되었고, 문화의 형성과 확산에 핵심적 역할을 하던 소설은 이제 과거의 영광을 잃어 가고 있다. 고전적인 읽기의 방식과 매체, 즉 책을 통해 전달되는 정보의 양과 형태는 계속해서 달라질 것이다. 하지만 지적인 활동을 하며 지혜를 공유하고자 하는 종적이고 사회적인 욕망은 지속된다. 인공지능 시대에 지적인 존재로서 인간의 생존과 번영 가능성을 모색하기 위해서는 구식 취미인 읽기가 가진 힘을 고찰하고, 변화하는 환경 속에서 읽기와 쓰기가 제공하는 향유의 가치, 그리고 그것이 수행해야 할 공동체적 역할에 대한 고민이 필수적이다.

비판적 인공지능 문해력 교육

읽고 쓰는 행위의 사회적 의미는 계속해서 변화해 왔고, 각 시대마다 유용하고 가치 있는 것으로 여겨지는 독해의 종류 역시 달랐다. 디지털 미디어의 대중화와 함께 미디어 문해력 혹은 데이터 문해력이 강조되어 온 맥락에 더해 이제는 비판적 인공지능 문해력(critical AI literacy)의 중요성이 대두된다.

비판적 인공지능 문해력은 단순히 인공지능의 작동 원리를 이해하거나 인공지능 기술이 적용된 도구들을 사용할 수 있는 실용적인 능력을 기르는 것과는 분명하게 구분된다. 언제 어떤 인공지능을 왜 사용하고 언제 사용하지 않을지 판단할 수 있는 능력이 그 핵심에 있기 때문이다. 다시 말해 비판적 인공지능 문해력은 인공지능의 개념과 기술적 측면에 대한 이해, 인공지능이 적용된 시스템을 인지하는 것, 인공지능 도구를 활용하는 능력, 인공지능이 제공하는 거짓 정보를 포착하는 능력, 인공지능 기술의 윤리적이고 사회적인 함의에 관한 비판적인 관점, 그리고 데이터 보안 의식을 모두 포괄한다. 급변하는 정보 환경에서 그 중요성이 대두되는 이와 같은 비판적 능력은 정규 교육 과정에서뿐 아니라 교육 과정을 마친 성인들에게도 교육되어야 하는 새로운 종류의 지적 능력이다.

비판적 인공지능 문해력은 유네스코(UNESCO)에서도 인류가 미래를 대비하기 위해 반드시 길러야 할 역량 중 하나로 제시할 정도로 중요한 지적 능력이다. 비판적 인공지능 문해력이 사회 구성원 모두에게 적절하고 충분하게 교육되지 않을 경우 기존의 사회 문제들을 더욱 악화시키거나 새로운 문제들을 일으킬 수 있기 때문일 것이다. 하지만 확립된 교육 방식이 존재하지 않고, 이미 만들어진 정보 격차가 상당하며, 과학 기술의 발전과 깊이 관계된 영역에서는 문화적이고 윤리적인 주제들에 관한 논의가 여전히 뒷전인 것이 현실이다. 이러한 상황 속에서 거대 인공지능이 환경에 미치는 부정적인 영향,

인공지능이 사회적 불평등을 고착화하거나 강화할 가능성 등 인공지능으로 인해 발생하는 문제들을 비판적으로 이해하고 인공지능 개발, 적용, 규제 등 모든 단계에서 인간의 역할과 책임을 더욱 적극적으로 사고하는 것은 필수적인 과제다.

문해력은 기본적으로 글을 읽고 이해하는 능력을 의미하고, 읽기의 가장 기본적인 형태는 문자로 나열된 정보의 처리다. 하지만 읽는다는 말은 모임의 분위기를 읽는다, 마음이나 생각을 읽는다 등의 용례에서 보듯 글의 객관적 내용을 이해한다든가 표현된 정보를 그대로 흡수하는 것보다 훨씬 복잡한 인지 능력을 요구한다. 비판적 인공지능 문해력도 마찬가지로 현재의 기술적이고 문화적인 맥락 및 변화의 방향과 그 흐름의 경제적이고 정치적인 의미까지를 깊이 있게 이해하는 능력을 말한다. 다음 절에서는 읽기 훈련으로서의 문학 교육, 그리고 문학 교육을 통한 감각 훈련이 인공지능 시대를 맞아 새로운 의미에서 중요해질 문해력의 미래, 향유의 미래를 어떻게 만들어 갈지 탐구해 보고자 한다.

창작과 감상의 공동체

문학 수업에서는 읽기라는 지적 활동에 필수적인 미적

감각을 훈련한다. "문학의 정치"라는 글에서 랑시에르(Jacques Rancière)는 문학을 "글쓰기의 가시성이 가지는 한 역사적 형태이자 단어들의 의미 체계와 사물들의 가시성 체계 사이의 구체적인 연결점"이라고 표현한다. 이 관념에 따르면 문학의 힘은 개별 작품에 대한 이해를 넘어 사회적으로 무엇이 사람들에게 감각되어 의미 있는 경험을 이루는가를 상상하고 형성하는 데 있다. 이때 훈련되는 문해력은 문학이라는 예술적 창작물에만 적용되는 것이 아니라 인공지능 시대에 우리가 경험하는 다양한 정보와 그 정보의 의미를 비판적으로 이해하는 데에도 활용된다. 더 나아가 '읽는 사람'에 대한 이와 같은 관심은 창의적 경험의 미래를 인간과 인공지능의 대결이라는 단순한 구도에서 벗어나 상상할 수 있게 해 준다.

감각적으로 깊이 있는 읽기를 경험하는 것은 개인의 지적인 잠재력 개발, 고급 취미의 발견, 혹은 사회 구성원으로서의 역량 강화 이상의 사회적 의미를 가진다. 흄(David Hume)은 인간의 이해 능력을 구성하는 기본 요소로 감각을 꼽았으며, 특히 감각을 통해 가능해지는 공감의 사회적 기능을 강조했다. 감각은 개인의 생존뿐 아니라 사람들 사이의 연결을 가능하게 하기 때문에 반드시 훈련되어야 하고, 문학은 한 세대의 지배적인 감각과 더 나아가 아직 도래하지 않은 감각까지를 경험하도록 해 주는 통로다. 일반적인 읽기를 대신해 줄 것처럼 생각되는 인공지능이 등장한 시대에 이 감각의 훈련은 더욱 중요하다. 정보의 요약, 분류, 바꿔 말하기 등에 특화된 거대 언어 모델 기반 인공지능이 텍스트 전반에 관한 정보 처리의 속도와 경험을 급진적으로 변형시키고 있는 현실 속에서 문학 읽기는 인간 종의 감각 경험을 수호하는 특징적인 지적 활동이다. 문학적 경험은 요약되거나 변형되지 않은 텍스트를 각자의 속도로 받아들이며 하나의 세계를 구성하는 시공간적 지속성과 창의성을 반드시 포함하기 때문이다.

인공지능이 계속해서 발달하고 다른 많은 영역에서 이미 그러하듯 읽고 쓰는 능력에 있어서도 가장 뛰어난 인간의 능력을 초월하는 날이 온다면 그 미래에서 인간은 읽고 쓴다는 행위와 어떤 관계를 가지게 될까. 이 글의 마지막 부분에서는 커먼즈 개념을 통해 향유의 확장적 가치를 다시 생각해 보고자 한다.

커먼즈 개념은 정치학자이자 경제학자인 엘리너 오스트롬(Elinor Ostrom)의 잘 알려진 연구를 중심으로 공유자원의 지속 가능한 관리를 위한 다양한 사회 분석과 정책 방향을 제시하는 데 활용되어 왔다. 초기에는 산림,

수산, 관개 시스템 등 물적 자원에 대한 관리를 중심으로 발달한 이론이지만 정보 자원 및 기술 분배 문제를 논하는 디지털 커먼즈에 관한 논의도 활발하게 진행되고 있다. 학술 분야에서의 오픈액세스 정책이나 이제는 온라인에서 흔히 볼 수 있는 크리에이티브 커먼즈 마크 등도 이러한 움직임의 주목할 만한 결과다. 커먼즈 논의의 중요한 특징은 집단의 생존과 번영이 위협받는 상황에서 공동체적 가치를 중심에 두고 해결책을 모색한다는 것이다. 다양한 자원의 관리 차원에서 공동체를 능동적으로 구성하고 또 재구성하는 과정을 커머닝(commoning)이라 부르는데, 여기서 주목해야 할 자원 중 하나로 문학교육을 통해 형성되는 감각 능력을 강조하는 이유는 감각 경험의 연결이 곧 인문 지식의 능동적인 공동 생산과 관리로 이어질 수 있기 때문이다. 인문 커먼즈의 형성은 더 많은 지식과 예술 작품을 생산하고 효율적으로 활용하기 위해서라기보다 읽는 개인이 모두 지적 자원의 공동 생산자가 되고 그 공유 자원의 관리자가 된다는 점에서 의미를 가진다.

'공유지의 비극'이라는 잘 알려진 이론에서 강조하듯 공유의 이상은 오랫동안 실현 불가능한 이상으로 생각되어 왔고, 디지털 커먼즈 특유의 문제들에 대한 우려도 끊임없이 제기되고 있다. 하지만 인공지능을 활용해 생산되는 인문 지식 자원을 폭력적이지 않은 방식으로 활용하고 아직 도래하지 않은 세계를 비판적으로 이해하기 위해서는 개인 단위를 넘어 지적인 생물종으로서 사고하며 대응하는 길에 조금 더 희망이 있어 보인다. 조지프 노스(Joseph North)가 강조하듯 가장 넓은 의미에서의 비평이 포함하는 미적 판단과 보편적인 문화적 역량을 커먼즈 개념으로 생각할 때 어떤 힘들이 공유 자원을 사적으로 유용하거나 공동체의 가치를 교란하는지를 파악하고 저항할 수 있으며 궁극적으로 문화와 예술의 힘을 모두의 것으로 지킬 수 있다. 인문 커먼즈는 인공지능 시대를 살아가는 개인이 지적 존재로서의 역할을 방임하지 않도록 서로를 격려하고 돌보며 다양한 창작물을 향유하는 공간이 될 것이다.

기능적 차원에서의 글쓰기는 어쩌면 점점 더 정교해지는 언어 모델에 어느 정도 위임할 수 있는 영역이 되어가고 있는지도 모른다. 하지만 누가, 혹은 무엇이, 어떻게 생성했는지 알 수 없는 다양한 텍스트와 방대한 디지털 데이터에 대한 비판적 검토와 분석은 인공지능에 손쉽게 위임될 수 없고, 인공지능이 생성하는 정보의 의미와 가치를 비판적으로 판단하는 능력은 결코 저절로 생겨나지 않는다. 또한 인공지능 시대에 지적 존재로 공존하기 위한 감각을 훈련하고 확장하는 데에는 읽는 사람들의 연결망이 필수적이다. 인공지능이 끊임없이 생성해 내는 정보와 건강한 관계에 있는 인문 커먼즈의 존재는 지금 인류가 '창의력'을 가진 인공지능 모델을 목도하며 경험하는 위기감이나 공포로부터 우리를 조금 멀어지게 해 줄 수 있을 것이다.

참고문헌

이광석 외(2024). 특집: AI는 생성하는가. 『문화/과학』, 114호, 21-188쪽.

Baron, N. S.(2023). *Who wrote this?: How AI and the lure of efficiency threaten human writing*. Stanford University Press.

North, J.(2023). Criticism as a practice of the commons. *PMLA*, 138(1), pp.151-157.

Rancière, J.(2010). The politics of literature. In S. Corcoran (Ed. and Trans.), *Dissensus: On politics and aesthetics* (pp.160-176). Bloomsbury.

Tenen, D. Y.(2024). *Literary theory for robots: How computers learned to write*. Norton.

05

노동

AI 시대에 인간은 덜 노동하게 될까? 이 장은 노동과 과학 기술 사이의 오래된 긴장이 새로운 국면을 맞이한 지금 노동의 대체를 넘어 놀이의 영역에서 인공지능의 가능성을 모색한다.

AI와 아이돌?

자동화, 인공지능, 노동의 미래

2016년 옥스퍼드대학교 연구팀은 반복적이고 예측 가능한 일이 77퍼센트의 확률로 자동화될 것이라 예측했으며 현재 직업 세계를 구성하는 직종의 다수가 자동화의 영향으로 사라질 것이라 진단했다. 인공지능 기술이 급속하게 발달하면서 노동과 과학 기술 사이의 긴장은 그 어느 때보다 높아졌고, 이러한 불안이 가중되면서 ≪뉴욕타임스≫는 인공지능 기술과 노동의 미래에 관한 여러 분석을 내놓았다. 그중 2023년 발표된 "인공지능이 우리의 직업을 모두 앗아갈까?"라는 제목의 기고문은 노동의 미래가 보여 줄 구체적이고 흥미로운 면모를 제시한다. 대부분의 직업, 그중에서도 특히 비전문적 직업이 자동화의 영향에 가장 취약할 것이라는 과거의 일반적인 인상과 달리 인공지능의 영향력에 가장 많이 노출되어 있는 집단은 대학 교육을 받은, 이른바 지식 노동을 하는 직업군이며, 현재까지의 인공지능 기술 발달 양상을 보면 대체될 수 없는 인간 노동의 영역이 상당하다는 것이다.

일의 종류를 반복적이며 예측 가능한 것과 그렇지 않은 것으로 분류하고 둘 중 후자인 작업, 즉 창의성과 직관적인 판단이 필요한 일에 있어서는 인공지능이 인간을 대체하기 어려울 것이라고 생각해 온 오랜 역사가 있지만, 최근 우리가 목도하고 있는 인공지능의 발달은 이 가정을 근본적으로 위협한다. 생성형 인공지능의 급속한 발전은 인간 고유의 인식과 판단, 그리고 유연성이 필요한 영역의 일은 자동화될 수 없을 것이라는 믿음을 빠르게 무너뜨리고 있다. 관련해 SF 작가 조애나 마체예프스카(Joanna Maciejewska)가 트위터(현 X)에 남긴 "나는 인공지능이 내 빨래나 설거지를 해 주어서 내가 예술과 글쓰기를 할 수 있기를 바라지 내가 빨래와 설거지를 할 수 있도록 인공지능이 예술과 글쓰기를 해 주는 미래를 바라지는 않는다"라는 말이 온라인에서 큰 반향을 일으켰던 것을 보면 동시대인들이 가지고 있는 기술에 대한 기대와 일에 대한 감각을 짐작할 수 있다.

대니얼 서스킨드(Daniel Susskind)는 기술과 노동의 관계와 관련해 우리 사회에 팽배해 있는 불안을 다음과 같이 진단한다. 노동의 총량이 고정되어 있다는 사고의 오류가 집단적인 위기의식을 발생시키고, 인공지능의 발달과 함께 모두에게 충분한 일자리가 돌아가지 않을 정도로 일이 줄어들 것이며, 그와 같은 사회에서는 유급 노동에 의존하지 않는 새로운 사회 구조를 고민하지 않을 수 없고, 그에 따라 공동체 전체의 분배 문제를 근본적으로 재고해야 한다는 것이다. 이와 같은 예측은 인간다운 생활을 유지하기 위해서는 돈을 벌어야 하고, 돈을 벌기 위해서는 일을 해야 한다는 현 시점 자본주의의 기본적 노동관까지 인공지능의 도전을 받고 있음을 보여준다. 물론 대한민국의 특수한 상황을 고려할 때 인구 구조의 급변과 함께 오히려 일할 사람이 없어지는 상황에 대비해야 한다는 분석도 있다. 하지만 그 경우에도 산업 및 직종별 노동 수요의 변화를 기민하게 예측하고 대응해야 함을 강조하고 있으며, 직종별 일자리의 수요 및 공급 변화는 인공지능을 활용한 자동화 기술의 발달 양상과 밀접하게 관련되어 있다.

미래의 노동

여러 전문가들의 연구와 전망을 통해 볼 때 노동 시장에서 인공지능이 인간을 대체할 것이라는 우려는 부분적으로만 사실이다. 존재하는 일자리를 두고 인공지능이 인간과 경쟁을 한다는 구도에서 보더라도 인공지능이 인간의 일자리를 모두 빼앗을 것이라는 예측보다는 인공지능을 활용하는 인간이 인공지능을 활용하지 않는 인간을 대체할 것이라는 짐작이 최소한 단기적으로는 더 현실적이다. 하지만 이러한 예측 역시 인공지능이 마치 특수한 기능을 수행하는 한 명의 인간처럼 존재한다고 가정하는 의인관에 따른(anthropomorphic) 제한된 상상에 불과하다. 어쩌면 그것은 현재 단계에서 특히 도드라지는 인공지능 기술에 대한 과장된 기대가 만들어 낸 환상에 불과할지 모른다.

인공지능과 노동의 관계를 진단할 때 극단적인 위기론에 빠지지 않고 각자의 자리에서 현실적 대응을 하기 위해서는 인공지능을 도구적 존재로만 보는 대신 협력의 대상으로 보는 관점이 반드시 필요하다. 인공지능을 의식이나 인격을 가진, 인간과 경쟁하는 새로운 차원의 존재로 상상하기보다는 활용할 수 있는 다양한 기능과 효율적 수행 능력을 가진, 보다 유동적이고 가변적이며 선택적으로 활용할 수 있는 단위의 존재로 여길 필요가 있다는 것이다. 더 나아가 각기 다른 기능을 필요로 하는 다양한 노동의 영역에서 서로 다른 방식으로 인공지능을 활용하고, 인공지능 기술 개발 및 도입의 사회적이고 환경적인 비용을 고려해 그 필요를 평가하며, 인공지능 기술을 노동 시장에 적용할 때 윤리적 책임감을 기반으로 인류 공동체를 진정으로 위하는 결정을 내리는 방안까지 고려될 때 비로소 인공지능에 대한 의미 있는 사회적 수용이 가능하다.

노동 시장의 극적 변화를 우려하면서도 한편으로 노동 없는 미래를 기대하고 있는 지금, 유례없이 강력한 조력자를 얻게 된 인간은 노동의 의미를 어떻게 새롭게 이해할 수 있을까? 직업이라는 의미에서 노동의 모습은 시대에 따라 꾸준히 변화해 왔다. 일 혹은 노동이라는 말에는 생계를 유지하기 위한 경제 활동이라는 실질적 의미에서부터 인간 존재의 목표 의식과 보람, 성취감 등을 아우르는 의미가 혼재되어 있어서 논의가 혼란스럽게 진행되기도 한다. 하지만 앞서 언급했듯 일의 자본주의적 정의가 반드시 타당하고 지속 가능한 유일한 정의는 아니다.

기계의 발명이 공장 노동자들의 자리를 위협하고 러다이트 운동이 일어나던 19세기에 영국의 문인 윌리엄 모리스(William Morris)는 산업화로 발생한 당대의 경제적 변화를 일(work)의 의미의 위기로 파악한다. 기계화 및 자동화의 초기 양상을 목격한 그는 인간에게 일이 즐겁고 하고 싶은 것이 아니라 괴로운 것, 어쩔 수 없이 해야만 하는 것이 되는 상황 자체를 산업 사회의 핵심적인 문제로 지적한다. 한 예로 그가 소설 속에 그린 유토피아에서는 한 사회에 속한 인간 모두가 유용한 일에 기여하고, 즐겁게 노동하며, 일할 기회가 있다는 것을 기쁘게

여긴다. 이때 일은 돈을 벌기 위해 하기 싫어도 하는 무언가가 아니라 인간 고유의 창조적인 능력을 발산하고 스스로 생산적인 활동을 하는 데서 얻는 즐거움을 극대화할 수 있는 활동으로 정의된다.

이 오래된 이야기에서 인공지능과 노동의 미래에 관한 새로운 관점의 실마리를 얻을 수 있다. 일, 생산성, 그리고 성장 개념을 재정의하고 노동과 놀이의 경계가 변화한 미래를 상상해 보자. 어밀리아 호간(Amelia Horgan)은 저서 『일에서 길을 잃다(Lost in Work)』에서 자본주의적 구조 아래 인간의 모든 노동은 그 위험성이나 착취 정도의 차이에도 불구하고 모두 강제된 노동에 속하며, 사람들은 일과의 관계에서 주도권을 가지기 어렵다고 진단한다. 인공지능 기술의 발달이 가속화한 현재의 위기가 어쩌면 인류가 노동과 맺어 온 오래된 예속 관계를 그 바탕부터 재고할 수 있는 기회가 되어 줄지도 모른다.

인간 공동체가 수호하고자 하는 가치에 대한 고려와 서로 다른 일의 성격에 대한 차별적이지 않은 이해가 중심이 된다면 노동을 대한 관점은 변화할 수 있다. 인류는 지속적으로 자연 및 기술 환경의 변화에 적응하며 종을 유지하는 일을 계속해 왔다. 기술적 진보가 불러오는 구조적 변화에 대응해 우리가 해야 할 일은 인공지능의 도입을 최대한 미루거나 개인들이 인공지능으로 대체되지 않을 직업을 선택하기 위해 경쟁에서 승리하는 방법을 찾는 것이 아니라 인간이 행하는 노동의 사회적 의미와 성격을 변화시키는 것일 수 있다. 즉, 노동이 즐거움의 영역이자 놀이의 영역, 그리고 공동체를 수호하는 영역에 있는 미래를 기대해 보면 어떨까? 그런 미래에서라면 창조적 역량을 발휘하며 즐거움을 찾을 수 있는 일과 변화하는 환경 속에서 개인과 공동체가 서로를 수호하고 위하는 돌봄 노동, 혹은 향유와 구분되지 않는 노동이야말로 인간이 때때로 인공지능과 협력하며 가장 잘 수행할 수 있는 노동이 될지 모른다.

참고문헌

이철희(2024). 『일할 사람이 사라진다: 새로 쓰는 대한민국 인구와 노동의 미래』. 서울: 위즈덤하우스.

Horgan, A.(2021). *Lost in work: Escaping capitalism.* Pluto Press.

Mindell, D. A., & E. B. Reynolds(2023). *The work of the future: Building better jobs in an age of intelligent machines.* Cambridge, MA: MIT Press.

Morris, W.(1886). *Useful work versus useless toil.* England: Socialist League Office.

Susskind, D.(2020). A world without work: Technology, automation, and how we should respond. Penguin UK. 김정아 옮김(2020). 『노동의 시대는 끝났다: 기술 빅뱅이 뒤바꿀

일의 표준과 기회』. 서울: 와이즈베리.

06
재생산

유한한 몸을 가진 인간의 관점에서 발달해 온 사회적 재생산의 구조는 인공지능 시대에 어떻게 달라질까? 이 장에서는 인공지능 기술이 인간의 생물학적 재생산에 미칠 것으로 예상되는 직접적 영향과 더불어 인간과 AI가 경험하고 인식하는 시간의 차이가 지식과 경험의 보존 및 계승 방식에 미치는 보다 근원적인 영향과 그로부터 촉발되는 질문들을 다룬다.

AI와 야구?

재생산은 생명을 지속하고 또 세대를 이어 종을 보존하기 위한 인간 활동의 핵심이다. 전통적으로 재생산은 인간 신체가 가진 고유한 기능이자 개인으로서의 신체적 한계를 넘어 삶의 본질적인 속성을 다음 세대에 전수하는 활동, 즉 가장 사적인 영역에서 의미를 가지는 활동으로 이해된다. 하지만 인공지능의 본격적인 도입과 함께 인류가 재생산에 접근하는 방식은 여러 차원에서 달라지고 있다. 좁게는 생물학적 재생산 과정에서 인공지능이 할 수 있는 기술적인 역할 및 인공 신체의 생산 가능성에서부터 인공지능 기술을 도처에 활용하며 인공지능과 공존하는 시대가 재생산하는 사회 구조 및 지식 체계의 변화에 이르기까지 인공지능은 인류의 존재와 존속을 약속하는 핵심 키워드 재생산에 대한 확장된 이해를 요구한다.

생물학적 재생산과 인공지능

다른 많은 의과학 분야에서와 마찬가지로 생명공학 분야에서도 인공지능은 혁신적인 변화를 이끌어 왔다. 인공지능은 특히 체외 수정(Vitro Fertilization, IVF)을 포함한 보조 생식 기술(Assisted Reproductive Technologies, ART) 분야에서 아주 구체적인 기여를 하고 있다. 체외 수정 기술의 적용 과정에서 인공지능은 수정 확률이 높은 배아를 선별해 임신의 성공 확률을 혁신적으로 높여왔으며, 이러한 성취의 기반이 된 것은 유전자의 속성과 배아의 형태 등 다양한 요소를 복합적으로 포함하는 대량의 데이터를 기반으로 한 머신 러닝 알고리듬의 활용이다. 인공지능 기술은 정자의 질을 분석하거나 개별 산모의 신체 상태에 따라 맞춤형 의료를 제공하는 데에도 활용되어 보조 생식 기술의 효율성과 건강한 임신 및 출산의 성공 가능성을 높임으로써 불임으로 어려움을 겪고 있는 수많은 사람들에게 새로운 가능성을 제공한다 (Hanassab et al., 2024).

하지만 인간의 생물학적 재생산 과정에 인공지능을 적극적으로 활용하는 것은 예상할 수 있듯 수많은 윤리적 문제점을 수반한다. 인공지능 기술이 발달하면서 유전 형질 중 특정한 속성을 선별해 낼 수 있는 가능성이 높아졌고, 이는 수년 전부터 활발했던 '디자이너 베이비(designer babies)' 논쟁으로 대표되는 생명 윤리 영역의 근본적인 질문과 직결된다. 인간은 태아의 신체와 건강에 관해 어떠한 결정권을 갖는가? 더 나아가 가장 친밀하고 개인적인 영역으로 여겨져 온 임신과 출산에 인공지능과 정보 과학이 주도적인 역할을 하게 하는 방식으로 새로운 기술을 도입하는 것은 인간이 가지는 재생산에 대한 결정권 및 자율성, 그리고 프라이버시에 관한 우려도 불러온다. 개인의 판단으로 이루어져 왔던 많은 결정들이 이제는 확률에 기반한 데이터 분석, 그리고 그를 토대로 한 기계의 제안에 종속될 위험이 있고, 극단적으로는 의사 결정 과정에서의 여러 윤리적이고 인간적인 결정들이 더 이상 그 가치를 사회적으로 인정받지 못하게 될 위험도 있다.

인간의 재생산은 신체의 한계, 즉 수명의 한계를 극복하는 궁극적인 비기처럼 여겨져 왔고, 인류는 재생산을 통해 종을 유지하고 각기 다른 규모의 공동체를 이루며 서로 다른 역사를 가진 사회 구조와 관습, 문화 등을 전수해 왔다. 하지만 인간처럼 한계를 가진 신체에 매여 있지 않은 인공지능은 시간의 유한성이라는 요소에 덜 민감할 수밖에 없다. 그렇기에 데이터 분석에 기반한 인공지능의 결정, 다시 말해 인공지능의 '판단'은 인간의 복합적인 판단 및 감정적 반응과 심각하게 괴리될 가능성이 높다. 다음 절에서는 인공지능의 도래로 더욱 두드러지는 인간만이 가진 시간관념의 특징, 그리고 그것이 재생산과 맺고 있는 관계를 살펴본다.

시간관념과 사회 구조의 재생산

인간은 시간을 주관적으로 경험하며 감정과 기억의 영향을 받고, 삶의 유한성에 대한 본능적인 감각을 가지고 있다. 시간의 유한성에 대한 첨예한 감각이야말로 인간에게 목표의식과 당장 행동해야 한다는 절박감을 제공하고, 그로 인해 인간은 다양한 창조와 보존 활동을 하며 다음 세대에게 지식과 문화를 전수하기 위해 노력해 왔다. 인공지능은 어떠한 업무를 수행할 때 인간처럼 그 수행 과정을 시간의 지속으로 경험하거나 인간이 해당 업무를 수행할 때와 같은 정도의 시간의 경과를 필요로 하지 않는다. 이렇게 발생하는 시간관념의 차이는 인공지능 시대의 사회 구조 재생산에서 중요하게 고려되어야 할 문제다.

그러나 이와 같은 세계 인식의 결정적 차이와 관계없이, 어쩌면 그렇기에 더욱 가차 없이, 인공지능 기술은 인간과 인간 사회에 큰 변화를 일으키고 있다. 방대한 양의 정보를 빠르게 처리하고 분석할 수 있는 인공지능의 능력은 이미 지식과 정보, 그리고 문화적인 현상들을 빠르게 전파하고 재생산하는 데 활용되고 있다. 이러한 전방위적인 가속은 지식의 확장성과 개방성 증진 등의 이점을 가지는 것처럼 보이는 한편, 인류가 여러 규범과 전통, 가치와 지식을 만들고 수정하며 발전시켜 온 속도를 급속하게 변화시켜 인간의 지식 재생산이 가지는 의미 자체를 무너뜨릴 가능성을 내포한다.

또한 인공지능 시스템은 시간과 시간의 유한성에 대한 감각을 인간과 공유하고 있지 않기 때문에 사회 시스템의 재생산과 시스템의 구조적 변화가 일으킬 장기적인 영향에 대한 판단에서 인간과 다른 선호를 보일 가능성도 있다. 이와 같은 불일치는 사회의 주요한 결정들에 인공지능이 개입할 때 더 정교하고 섬세한 인간의 판단 능력을 요구한다. 최근 인공지능에게 시간 개념을 이해할 수 있도록 훈련시키는 등의 노력도 이루어지고 있으나 유한하고 외부의 영향에 취약하며 복합적인 감각을 가진 몸을 기반으로 한 인간 재생산의 속성을 떠올려 보면, 인공지능 시대에 재생산이 겪을 변화는 결코 단순하거나 쉽게 해결될 수 있는 성격이 아닐 것이다.

인공지능 시대의 재생산과 교육

생물학적 재생산과 사회 구조의 재생산 모두를 아우르는 삶의 영역에서 인공지능이 가지고 올 변화에 제대로 대응하기 위해서는 인류가 축적한 지혜를 전수하는 방식, 즉 교육에 대한 고려가 필수적이다. 인공지능이 삶의 전 영역에 활용되면서 교육 시스템 역시 그에 맞게 진화하고 있다. 진화하고 있다고는 하지만 교육의 질적인 수준과 사회적인 효과 면에서 더 나은 방향으로 가고 있는가에 대해서는 이견이 있을 수 있다. 재생산이라는 주제 내에서는 인간의 시간 경험과 인공지능이 제공하는 기술적인 가능성이 만나는 지점을 어떻게 활용할 것인지가 특히 중요해진다. 전통적인 방식의 교육에서는 한 세대에서 다음 세대로 축적된 지식을 전수하는 것이 중요했다. 하지만 이제 지식이 존재하는 방식, 그것을 전달하고 저장하는 방식이 모두 달라지고 있다.

인공지능을 활용하는 교육에서는 사람들이 인공지능을 어떻게 사용할지에 대한 메타적 지식을 갖도록 훈련시켜야 할 뿐 아니라, 인공지능이 새롭게 불러오는 복잡한 문제들을 다루기 위해 필요한 비판적 사고와 윤리적인 고려도 강조되어야 한다. 그렇게 할 때만 우리가 강화하고 재생산하는 구조가 역사적으로 어떠한 의미를 가지는가를 이해하고 그것의 부정적인 여파까지 의사 결정 과정에서 고려하는 공동체를 만들 수 있다. 인간과 인공지능의 인지적 차이 이해, 그리고 생명에 대한 관점의 재정립 등이 모두 이 교육에 포함된다.

마지막으로 인공지능 시대에 재생산되는 인류는 인간

고유의 속성과 강점을 더욱 발달시키면서도 인공지능 기술의 작동 방식, 해당 기술이 도입된 영역에 대한 이해, 그리고 그것을 활용하거나 활용하지 않기로 판단할 수 있는 능력을 갖추어야 한다. 인공지능 기술이 인간의 업무를 돕고 노동 강도를 낮춰 주며 지적 능력을 증강해 줄 수 있겠지만 인간의 주관적인 경험, 특히 재생산으로 가능해지는 가족관계에서의 감정적인 경험 등은 대체할 수 없다. 그렇기에 이를 포함하는 사회적 인식의 재구성 역시 의식적인 노력의 일부로 요구될 것이다. 인공지능과 재생산은 여러 차원에서 교차하며 인류의 미래를 바꿔 나갈 것으로 예상된다. 인공지능이 인류의 진화 과정에 적극적으로 개입하는 양상이 지속될 때 어떠한 구조를 재생산하고 어떠한 지식을 가치 있는 것으로 판단할지 아직은 확신할 수 없지만, 그 과정에서 인간적이고 윤리적인 판단이 중심적인 역할을 잃지 않을 경우에만 인류가 현재에 이르기까지 투쟁하며 가꿔 온 문화와 앎의 가치를 계승할 수 있을 것이다.

참고문헌

Baylis, F.(2019). *Altered inheritance: CRISPR and the ethics of human genome editing*. Harvard University Press.

Hanassab, S., et al.(2024). The prospect of artificial intelligence to personalize assisted reproductive technology. *NPJ digital medicine*, 7(1), 55.

World Health Organization(2024). *The role of artificial intelligence in sexual and reproductive health and rights: Technical report.* Green Ink Publishing Services Ltd.

07
종교

고도로 발달한 AI는 신과 같을까? 반대로 인간과 같은 지적 존재인 AI를 만들어 우리 인간은 어떤 의미에서는 신의 경지에 도달한 것일까? 이 장에서는 초지능 기계와 가상 현실을 통해 신적인 존재에 대해 상상해 본다.

AI와 윤동주?

도입

우리는 고도로 발달한 AI를 마치 신과 같은 존재로 상상하기도 한다. 이러한 상상력은 아이작 아시모프의 고전 SF 소설 「최후의 질문」, 워쇼스키들의 영화 〈매트릭스〉, 또는 시로 마사무네의 만화 〈공각기동대〉 등 다양한 대중 매체에서 여러 형태로 발현되었다. 그렇다면 정말 고도로 발달한 AI는 신과 같을까? 만일 그렇다면 어떠한 점에서 신과 비슷할까? 그리고 인간이 만든 AI가 정말 신과 같은 존재가 될 수 있다면, 인간이 신의 피조물이 아니라 그 반대, 즉 신이 인간의 피조물인 것인가?

초지능과 신적인 AI

AI 연구의 목표는 흡사 인간과 같이 생각하는 기계를 만드는 것이다. 그런데 만약 모든 지적인 작업에서 인간을 아득히 넘어서는 능력을 가진 기계, 즉 초지능 기계(superintelligent machine)가 있다면 어떨까? 어빙 굿(Good, 1965)은 초지능 기계는 기계들의 능력을 폭발적으로 증대시킬 것이라고 주장했다. 그 이유는 다음과 같다. 첫째, 더 뛰어난 성능을 갖춘 기계를 만드는 것은 일종의 지적인 작업이다. 둘째 가정상 초지능을 갖춘 기계는 모든 면에서 인간보다 월등히 뛰어나다. 따라서 초지능 기계가 인간보다 월등히 뛰어난 속도로, 그리고 매우 급격한 속도로 기계들의 능력을 강화할 것이다. 미국의 미래학자 레이먼드 커즈와일(Kurzweil, 1999, 2005)은 기계들이 인간보다 빠르게 스스로 자신의 성능을 강화하는 초지능을 갖추게 되는 상황을 일컬어 특이점(singularity)이라고 했다. 이러한 논의에 따르면 초지능 또는 특이점이란 AI시스템들이 인간보다 더 빠르게 자신의 지능을 강화하는 상태를 일컫는다고 말할 수 있다.

초지능 기계들은 어떤 모습일까? 현재로서 이 질문에 대해 답하기는 어렵다. 그러나 우리는 초지능 기계들을 다양한 방식으로 상상해 왔다. 그 최근 사례를 들자면 시로 마사무네의 만화 〈공각기동대〉나 스파이크 존즈의 영화 〈Her〉를 들 수 있을 것이다. 이 작품들에서 AI 시스템들은 점차 세계를 연결하는 네트워크 속에서 인간이 이해할 수 없는 미지의 영역을 발견하고 그곳으로 사라져 버린다. 여기서 AI 시스템들은 마치 그 물리적 한계를 극복하고 정신 혹은 영적인(spiritual) 세계와 합일하면서 결국 일종의 전지적(omniscient) 상태를 갖는 것으로 묘사된다. 혹은 아이작 아시모프의 소설 〈최후의 질문〉이나 워쇼스키들의 영화 〈매트릭스〉에서처럼 초지능 기계들은 결국 거대한 세계를 창조하는 것으로 묘사

되기도 한다. 이러한 다양한 묘사들의 한 공통점은 초지능 기계들이 결국 인간을 넘어서 신과 같이(God-like) 묘사된다는 것이다.

그렇다면 이러한 초지능 기계들이 어떤 점에서 신과 같을까? 우선 초지능 기계들은 모종의 세계를 창조하거나 물리적 세계를 초월한 영역에 도달한다는 점에서 신과 유사한 것으로 보인다. 그러나 여러 가지 중요한 차이점들도 있다. 예를 들어, 전통적인 기독교의 신은 모든 것을 알고 있다는 점에서 전지적(omniscient)이고, 뜻하는 바를 모두 이룰 수 있다는 점에서 전능(omnipotent)하며, 세상 만물을 사랑하고 아낀다는 점에서 완전히 자애로운(omni-benevolent) 존재다. 초지능 기계가 이 세 가지 속성 중 무엇을 가질 수 있을까? 우선 초지능 기계들이 인간에 비해 월등한 지능을 가지고 있다고 해도 그 지능은 유한할 수밖에 없을 것으로 보이고, 그러한 점에서 초지능 기계들은 전지적일 수는 없을 것으로 보인다. 비슷하게 위 매체들에서 묘사된 초지능 기계들은 명백히 전능하지 않다. 그리고 워쇼스키들의 영화 〈매트릭스〉에서 볼 수 있는 것처럼, 초지능 기계들이 완전히 자애로워야만 하는 것은 아니다. 따라서 초지능 기계들은 그 창조력 및 초월성의 측면에서 마치 신적인 면모를 가지고 있는 것처럼 보이기는 하지만 우리가 이해하는 전통적인 기독교적 신과는 분명히 다른 존재로 생각된다. 이러한 점에서 그것들은 일종의 고대 신화에서 자주 등장하는 반신(demi-god)과 유사하다고 말할 수 있을지 모른다.

AI와 신과 같은 인간

지금까지 우리는 신적 존재로서 초지능 기계에 대해 생각해 보았다. 그런데 AI를 통해 우리 자신이 신적인 존재가 될 수는 없을까? 인간은 신의 피조물이다. 이는 달리 말하면 신은 인간을 창조한 존재라는 것이다. 그런데 앞서 지적했듯이 AI 연구의 목표는 인간과 같은 기계들을 만드는 것이다. 이 목표를 인간이 달성할 수 있다면, 인간은 자신과 같은 존재를 만들어 낸 것이 된다. 그렇다면 AI를 통해 우리는 신적인 존재가 되고자 하는 것은 아닐까? 그리고 AI 연구의 목표를 달성하게 될 때, 우리는 신적인 존재가 되는 것은 아닐까?

우리는 미국의 철학자 데이비드 차머스(Chalmers, 2022)를 따라 가상 현실(Virtual Reality, VR) 기술을 통해 이러한 질문들을 더욱 생생하게 생각해 볼 수 있다. 통상적으로 현대 컴퓨터 기술의 일종인 가상 현실이란

몰입감 있게 가상적 대상들(virtual objects)과 상호 작용할 수 있는 컴퓨터에 의해 생성된 환경을 뜻한다. 예를 들어 우리가 영화 〈매트릭스〉에서처럼 실재와 같은 가상 현실을 만들 수 있다고 가정해 보자. 그리고 그 속에 살고 있는 사람들이 모두 컴퓨터에 의해 생성된 순수한 AI 아바타들이라고 가정해 보자. 그렇다면 우리는 그 가상 현실 밖에서 그 세계를 창조한 존재로서 그 세계에 대한 신적인 존재가 될 것이다.

조금 더 구체적으로 생각해 보자. 우리는 그 세계에서 벌어지는 다양한 일들을 내려다볼 수 있을 것이고, 그 세계가 우리의 의지대로 전개되어 나가도록 다양한 조작을 가할 수 있을 것이며, 또 그 세계에서 발생하는 악을 제거하고자 노력할 수도 있을 것이다. 그런 점에서 우리는 광대한 지식과 능력을 갖추고 자애를 행할 수 있을 것이다.

그러나 차머스가 지적한 것처럼 우리가 기독교적인 신과 같이 전지전능하며 자애로운 존재가 되기는 어려울 것으로 보인다. 왜냐하면 우리가 아무리 한 세계를 그 외부에서부터 창조했다고 해도, 그것만으로 인간의 정신이 무한하게 진화할 것이라고 생각하기는 어렵다. 따라서 인간 정신의 유한함을 고려할 때, 우리가 창조한 가상 세계의 모든 면을 알고 있을 수는 없을 것으로 보인다. 또한 우리는 그 세계에 대해 다양한 조작을 가할 수는 있겠지만 우리의 지식이나 여타 능력의 한계 때문에 원하는 모든 바를 이루어 내지는 못할 것으로 보인다. 마지막으로 우리 자신이 신처럼 자애롭지 않은 것이 자명한 사실이라고 가정할 때, 우리가 가상 세계 속 AI 아바타들에게 완전한 자애로움을 베풀 수 있을 것이라고 생각하기도 어렵다. 따라서 우리가 인간과 같은 AI 아바타들로 이루어진 세계를 만든 신적인 존재가 된다고 하더라도 전통적인 기독교적인 신과 같은 존재가 될 수는 없을 것으로 보인다. 오히려 흥미롭게도 우리는 앞서 지적한 초지능 기계들과 마찬가지로 반신적인 존재가 된다고 보는 것이 적절해 보인다.

이상의 논의는, 흥미롭게도 어떤 의미에서 인간과 AI의 경계를 희미하게 만드는 것으로 보인다. 고도로 발전한 초지능 기계들과 AI 아바타들을 생성한 우리 인간은 모두 마치 반신과 같은 존재들이다. 또한 우리가 창조한 가상 세계 속 AI 아바타들 또한 AI로서 초지능 기계 또는 인간과 같이 성장할 수 있다고 가정할 때, 가상 세계 속 인간들 또한 우리 인간과 크게 다르지 않은 반신적 존재로서 성장할 가능성을 가지고 있다고 할 수 있을 것이다.

그리고 만일 우리가 전통적인 기독교적 신의 관념을 떠나서 생각해 본다면, 결국 인간이 만든 AI가 신이 되고 AI를 만듦으로써 인간은 스스로 신의 지위를 차지하는 것으로 보인다. 그렇다면 어떤 의미에서 우리는 인간이 신의 피조물이 아니라 그 반대, 즉 신이 인간의 피조물이라고 할 수 있지 않을까?

참고문헌

Chalmers, D.(2022). *Reality+: Virtual worlds and the problems of philosophy*. New York: W.W. Norton & Company

Good, I. J.(1965). Speculations concerning the first ultraintelligent machine. *Advances in computers*, 6, pp.31–88.

Kurzweil, R.(1999). *The age of spiritual machines: When computers exceed human intelligence*. London: Penguin.

Kurzweil, R.(2005). *The singularity is near: When humans transcend biology*. London: Viking.

08
윤리

AI 시스템이 발생한 해악에 대한 책임은 누가 져야 할까? 그리고 AI에 기반한 다양한 플랫폼들에 의해 고도화되고 있는 온라인 정보 공간을 윤리적 관점에서 어떻게 이해해야 좋을까? 이 장에서는 AI 윤리 분야의 몇 가지 쟁점을 소개한다.

AI와 한의학?

AI와 책임 귀속

AI가 여러 영역에서 활용되면서 그 활용의 방식 및 결과가 우리의 삶에 중대한 영향을 끼치고 있다. 예를 들어, 최근 미국의 전자 상거래 기업인 아마존이 서류 심사 자동화를 위한 AI 채용 프로그램을 개발했으나 해당 프로그램이 여성에 대한 부당한 편견을 가진 것으로 판명되어 폐기되었다는 것은 잘 알려진 사실이다. 이 사례는 AI 시스템의 활용이 사회적 의사 결정과 재화의 분배 문제에 직결되어 있음을 보여 준다. 이처럼 AI의 활용은 윤리와 정의의 관점에서 볼 때 우리의 삶에 매우 중대한 영향을 준다고 할 수 있다. 그런데 AI의 활용이 어떤 사람에게 또는 사회 전체에 해악을 가하는 경우 그 책임은 누구에게 귀속되어야 하는가?

우리 인간의 행위를 먼저 생각해 보자. 많은 경우 인간의 행위는 타인에게 그리고 사회 전체에 영향을 준다. 그리고 통상적으로 행위자는 자신의 행위의 결과에 대한 책임을 진다. 예를 들어, 모 기업의 인사 담당자인 연우가 특정 성별의 지원자들에 대한 부정적인 평가를 하는 경향을 보인다고 하자. 그렇다면 우리는 연우에게 왜 그러한 차별적인 평가를 했는지 설명을 요구하고, 그 설명이 적절하지 않을 경우 사과 또는 보상 등을 정당하게 요구할 수 있다. 이러한 점에서 연우는 자신의 심사 행위에 대해 책임을 진다고 말할 수 있을 것이다.

그렇다면 AI 시스템에 의해 어떤 의사 결정이 이루어졌고 그에 따라 타인에게 또는 사회 전체에 해악을 입힌 경우, 그 책임이 해당 행위를 한 주체로서 AI 시스템 자체에 귀속될 수 있을까? 만일 그렇다면, 우리는 AI 시스템에게 왜 그러한 행위를 했는지에 대한 설명을 요구하고 그 설명이 적절하지 않을 경우 사과 또는 보상 등을 정당하게 요구할 수 있어야 할 것이다. 여기서 문제는 이러한 책임을 AI 시스템에게 부여하는 것이 적절하지 않아 보인다는 것이다. 왜냐하면 피해가 반복되지 않게끔 그것들을 고치거나 폐기하는 것은 얼마든지 가능하지만, AI 시스템을 비난하거나 처벌하는 것에는 어떠한 의미도 없는 것처럼 보이기 때문이다. 이처럼 AI 시스템이 유발한 해악에 대한 책임이 AI 시스템 자체에 귀속될 수 없다면, 그것은 누구에게 귀속되어야 할까?

한 가능한 답변은 AI 시스템이 유발한 해악에 대한 책임이 그것을 사용한 사람에게 있다고 하는 것이다. 예를 들어, 자율 주행 자동차가 유발한 사고에 대한 책임은 그 차의 운전자에게 있다는 것이다. 물론 사용자가 해당 AI 시스템을 적절한 사용 범위를 넘어서 사용하거나 작동에서 요구되는 수준의 주의를 기울이지 않은 경우가 있을 수 있다. 이처럼 AI 시스템의 부적절한 사용 또는 부주의에 의해 유발된 해악에 대한 책임은 사용자에게 귀속될 수 있을 것으로 보인다. 그러나 앞서 살펴본 AI 채용 시스템의 경우처럼 목적에 맞게 충분한 주의를 기울여 사용했음에도 불구하고, 시스템의 작동 방식에 내재한 문제 때문에 일어난 해악에 대한 책임까지 사용자에게 귀속시키기는 어려워 보인다. 따라서 AI 시스템이 유발한 해악에 대한 책임을 일반적으로 그 사용자에게 귀속시킬 수는 없을 것이다.

그렇다면 AI 시스템이 유발한 해악에 대한 책임을 그것을 개발 또는 생산한 인간 행위자에 귀속시키는 것은 어떨까? 그러나 이러한 입장에도 난점이 있다. 기계 학습 방식으로 작동하는 최신의 AI 시스템들은 개발자가 그 시스템에 심어 놓은 규칙에 따라 작동하지 않는다. 어떤 의미에서 AI 시스템들은 학습 데이터로부터 일정한 패턴을 학습해 주어진 상황에서 목표를 달성하기 위한 최적의 수단을 스스로 결정하도록 만들어져 있다. 따라서 AI 시스템의 개발자는 해당 AI 시스템의 작동 방식에 대한 완벽한 통제권을 가지고 있지 않다. 그런데 어떤 사람이 자신이 통제할 수 없는 대상의 행위로 발생한 피해에 대해 책임을 져야 한다는 것은 일견 부당해 보인다. 마치 성인이 된 자식의 행위에 대한 책임을 그 부모에게 지우기 어려운 것처럼 말이다.

AI 시스템이 유발한 해악에 대한 책임을 그 시스템 자체, 사용자, 개발자에게도 귀속시킬 수 없다면, 도대체 누가 그에 대한 책임을 져야 하는 것인가? 이것이 바로 독일의 철학자 안드레아스 마티아스(Matthias, 2004)가 정식화한 AI 기술이 유발하는 책임 공백(responsibility gap)의 문제다. 지면의 한계로 이 문제에 대해 제안된 다양한 해결책을 다루기는 어렵다. 다만 이상의 논의로부터 분명한 것은 AI의 해악에 대한 책임을 적절히 분배하기 위해서는 구체적인 문제 상황에서 AI 시스템 작동 방식, 해악의 양상과 원인, 그리고 인간 이해관계자들을 다면적으로 검토해 나가는 동시에 그것들을 종합할 수 있는 이론적인 틀을 만들어 나갈 필요가 있다는 것이다.

AI 시스템의 도덕적 지위

앞 절에서 우리는 AI 분야에서 책임 공백의 문제가 발생할 수 있으며 이를 해결하기 위해서는 윤리적 책임의 분배에서 고려되어야 할 다양한 요소들을 종합적으로 검토해야 함을 지적했다. 여기서 한 가지 중요한 요소는 AI

시스템의 도덕적 지위다.

도덕적 행위자(moral agent)란 도덕적 행위를 할 수 있는 개체로 이해된다. 대표적인 도덕적 행위자의 예로는 자연인들(natural persons)이 있다. 한편, 도덕적 피행위자 또는 피동자(moral patient)는 직간접적으로 도덕적 행위의 대상이 될 수 있어 도덕적 고려의 대상이 되는 개체들을 뜻한다. 통상의 자연인들은 모두 도덕적 피동자로 여겨지며 그 밖에도 식물, 동물 등을 포함한 생명체나 인공물들도 도덕적 피동자로 여겨질 수 있다. 통상적으로 도덕적 행위자들은 모두 도덕적 피동자로 여겨지지만, 그 역은 성립하지 않는다. 예를 들어, 갓난아기는 도덕적 행위자가 아니지만 도덕적 피동자임은 확실해 보인다.

그렇다면 AI 시스템들은 어떠한 도덕적인 지위를 가지고 있을까? AI 시스템들이 도덕적 피동자로 여겨져야 한다는 것은 일견 당연해 보인다. 왜냐하면 AI 시스템들은 특정한 목적을 위해 만들어진 개체, 즉 일종의 인공물(artifact)이고, 인공물들은 일반적으로 도덕적 피동자로 생각될 수 있기 때문이다. 물론 인공물들이 가지는 도덕적 피동자성이 그 인공물들 자체에 고유한 것인지 아니면 그 인공물들을 소유하거나 활용하는 사람들의 도덕적 피동자성으로부터 유래하는 것인지에 대해서는 논란의 여지가 있을 수 있다. 그러나 이는 인공물의 도덕적 피동자성이 어디서 유래하는지의 문제일 뿐 피동자성을 갖는다는 것 자체에 대한 반론은 아니다. 따라서 이 문제를 본 논의의 맥락에서 다룰 필요는 없을 것으로 보인다.

책임 공백의 문제와 관련해 더 중요한 문제는 AI 시스템들이 도덕적 행위자성을 갖는다고 볼 수 있는지, 그리고 만일 그렇다면 어떠한 종류의 도덕적 행위자성을 갖는지의 문제이다. 왜냐하면 앞서 살펴본 것처럼 현재의 AI 시스템들이 그 자체로는 인간과 같은 도덕적 행위자들에게 요구되는 종류의 책임 능력, 예를 들어 비난에 대한 감응성이나 행위에 대한 설명 능력 등을 갖는 것으로 보이지 않기 때문이다.

이와 관련해 최근 흥미로운 제안은 AI 시스템들의 행위와 결과는 개발자와 사용자 등 여러 이해관계자들을 포함하는 일련의 긴밀히 연결된 집단의 행위로 이해할 수 있고, 따라서 AI 시스템의 행위자성은 이해관계자들 전체의 공동(collective) 행위자성 또는 이해관계자들 사이에 분산된(distributed) 행위자성으로 이해해야 한다는 것이다(Floridi, 2016; Nyholm, 2018). 이러한 의미의 공동 또는 분산된 행위자성이 AI 분야에 고유한 것은 아니다. 일례로 교통안전에 관해 자동차 생산자는 자동차의 기술적인 안전성을 보장하고, 운전자는 충분한 주의를 기울여 운전하고, 공공 기관 등은 도로 상태 및 신호 체계가 정상적으로 작동하게 할 의무를 가지고 있다. 이러한 의무에 비추어 우리는 도로에서 자동차에 의해 발생한 위해의 원인을 검토하고 각 이해관계자의 기여 정도를 측정해 그에 따라 책임을 분배할 수 있다. 비슷하게 AI 시스템은 통상적으로 다양한 이해관계자들의 상호작용에 따라 활용된다. 따라서 그 활용에 의해 발생한 위해에 대해서는 각 이해관계자들이 맡은 역할에 따라 책임이 분배될 필요가 있다고 보는 것이 어느 정도 자연스럽다. 따라서 적어도 현재 수준의 AI 시스템에 대해서는 그것 자체가 개별적인 행위자성을 가지고 있다고 하기보다는, 해당 AI 시스템의 활용에 개입하는 다양한 이해관계자들이 공동으로 또는 분산해 행위자성을 가지고 있다고 보는 것이 어느 정도 설득력을 갖는 것으로 보인다.

AI 시대의 정보 환경

윤리적 문제들을 생각할 때 우리는 많은 경우 도덕적 행위자들이 주어진 상황 또는 관계 속에서 가지는 도덕적인 권리, 의무, 책임에 집중한다. 예를 들어, 트롤리 문제에 대해 생각할 때 우리는 다섯 사람을 살리기 위해 한 사람을 죽이는 선택을 하는 것이 옳은지를 생각한다. 그런데 앞서 살펴본 것처럼 AI 시스템들의 행위는 매우 복잡한 이해 당사자들의 연결 고리로 구성되어 있다. 또한 앞으로 이러한 AI 시스템들은 유튜브와 같은 거대 플랫폼과 연계되어 정보망을 구축하게 될 것이다. 영국의 철학자인 루치아노 플로리디(Floridi, 2010)는 이처럼 전 세계를 이어 주는 거대 정보망을 정보계(infosphere)라고 부르고, 앞으로 우리는 정보계 속에서 상호 연결된 정보-생물체(informational organisms, inforgs)로 살아가게 될 것이라고 주장했다. 그리고 이러한 정보계에서는 당연히 각 행위자의 권리, 의무, 책임도 중요하지만 전체 정보계 자체의 건강(well-being)에 대한 관심과 고려가 필요할 것이라고 주장한다. 다시 말해, 정보 환경 윤리가 필요하다는 것이다.

여기서 우리가 플로리디의 정보-생물체 또는 정보계의 개념을 받아들이는지와 무관하게 정보 환경 윤리의 중요성에는 공감할 수 있을 것으로 생각된다. 앞서 말한 대로 현대 AI 시스템들은 어떤 의미에서 스스로의 작동 원리를 만들어 나가고, 이 과정에서 불가피하게 예상치

못하거나 통제할 수 없는 결정 또는 행위를 할 수 있다. 따라서 우리는 이러한 결정 또는 행위에 의해 중대한 해악이 발생하지 않도록 우리의 정보 환경을 강건하고 안전하게 유지할 필요가 있을 것이다. 도로에서 운전자가 지켜야 할 안전 수칙을 정하고 그것을 준수하는 것은 매우 중요하다. 그러나 그와 동시에 그 수칙을 위반하더라도 최대한 그것이 중대한 피해로 이어지지 않도록 여러 가지 장치를 해 교통안전을 도모하는 것 또한 중요한 일이다. 마찬가지로 우리는 AI 시스템의 작동과 활용에 관한 다양한 이해관계자의 권리, 의무, 책임을 적절히 설정하는 동시에 정보 환경 윤리 및 안전망에 대한 강조를 통해 정보 환경 자체의 강건성, 안정성, 지속 가능성을 보장하기 위해 노력해야 할 것이다.

참고문헌

Floridi, L.(2010). *Information*. New York: Oxford University Press.

Floridi, L.(2016). Faultless responsibility: On the nature and allocation of moral responsibility for distributed moral actions. *Philosophical transactions of the royal society A: Mathematical, physical and engineering sciences*, 374: 20160112.

Matthias, A.(2004). The responsibility gap: Ascribing

responsibility for the actions of learning automata. *Ethics and information technology*, 6, pp.175–183.

Nyholm, S.(2018). Attributing agency to automated systems: Reflection on human–robot collaborations and responsibility–loci. *Science and engineering ethics*, 24(4), pp.1201–1219.

09
공존

인공지능은 기술적 도구이기도 하지만 인간과 관계를 맺을 수 있는 지적 주체처럼 존재하기도 하고, 인간들 사이의 관계까지도 변화시킬 수 있는 힘을 가진 강력한 사회적 존재로 부상했다. 이 장은 AI가 불러올 관계의 미래를 고찰한다.

AI와 화장품?

인공지능 기술의 상용화 및 대중화와 함께 업무나 일상의 변화를 경험하는 사람들이 많아지면서 인공지능과의 공존은 이제 새삼스러울 것이 없는 일이 되었다. 하지만 다른 과학 기술의 등장과는 경험적으로 구분되는 인공지능의 기술적 새로움과 일상으로의 침투 속도에 비해 인간 사회가 이 변화를 어떻게 인식하고 적응해 가야 하는가에 대한 논의는 부족한 실정이다. 이 장에서 주목하는 것은 인공지능 기술의 본격적 도입이 가져오는 변화가 개인의 일상뿐 아니라 더 근본적이고 사회적인 차원에서 관계의 의미, 그리고 공존의 방식 자체를 재구성한다는 사실이다. 인간과 AI의 공존이 가지는 다면적 함의를 살펴보는 일은 인간을 인간이게 하는 고유성, 그리고 인간이 서로를 인간으로 대할 때 가능해지는 사회 구조의 속성에 대한 근본적 고민과 맞닿아 있다.

인간과 인공지능, 인간과 인간

인공지능과의 공존을 논할 때 가장 먼저 이야기되는 것은 인간이 인공지능과 어떻게 함께 살아갈 것인가의 문제다. 인공지능을 단순한 기계로 대할 것인지, 인간처럼 말하고 사고하며 행동하는, 즉 일종의 인격을 가진 존재로 대할 것인지 등의 질문이 그 중심에 있다. 이 주제는 여러 디스토피아 소설이나 영화에서 다루었던 인공지능이 인간의 '지배'를 벗어나고자 하는 의지를 가지게 될 것이라는 우려뿐 아니라 인공지능 기술과 인공지능의 창작물에 대한 법적이고 경제적인 보호의 문제까지 포괄하고 있어서 일괄적인 기준으로 단순하게 접근하기 어렵다. 이 장에서 집중하고자 하는 것은 인공지능이 독립된 개인들과의 관계 안에서 각각 별개로 존재하는 것이 아니라 우리의 사회적 관계망 안으로 이미 깊숙이 침투했으며, 반성 없는 도입이 지속될 때 인간과 인간 사이의 관계가 심각하게 왜곡될 수 있다는 사실에 대한 반성적 자각이다.

가장 간단한 예로는 의사소통에 관여하는 인공지능을 들 수 있다. 업무 이메일을 작성하거나 번역을 할 때 많은 사람들은 이미 인공지능 기술이 들어간 매체를 의식적으로든 아니든 흔히 사용하고 있으며, 알고리듬이 추천하는 다음 단어, 다음 문장 등을 편리하게 채택하고 있다. 이는 업무 효율성을 높여 주고 언어권을 초월한 소통을 가능하게 해 주기도 하지만 이와 같이 매개된 소통이 가지는 함의에 대해서는 조금 더 깊이 생각해 볼 필요가 있다. 핸콕 등(Hancock et al., 2020)에 따르면 인공지능이 매개하는 상호 작용은 실제로 친밀한 인간 간의 연결로 이어지지 않는 '알고리듬적 친밀성(algorhithmic intimacy)'을 만들어 낼 수 있다. 이러한 연구는 인공지능 기술이 강하게 작동하는 플랫폼 등에서 만들어지는 관계망의 실질적 효용이나 정서적 깊이에 대한 의문을 재확인시켜 준다. 더 나아가 이처럼 알고리듬에 의존하는 의사소통과 정보 습득이 지속적으로 이루어지는 환경에서는 커뮤니케이션 부문에서 오랫동안 연구되어 온 에코챔버 효과가 나타날 수 있다. 이에 따라 점차 개인의 취향에 맞게 통제된 정보만을 제공하는 폐쇄적 미디어 환경이 강화되면서 다양한 관점에 대한 수용성과 유연성이 떨어지고 개인 간의 관계에서도 고립을 가속화할 우려가 높은 것이다.

셰리 터클(Sherry Turkle)의 저서 『외로워지는 사람들: 테크놀로지가 인간관계를 조정한다』(2011/2012)는 감정적 대응 영역에서 인공지능이 발달할수록 인간들은 친밀한 인간관계에서 얻는 감정적인 지원이나 안정감 등을 더는 인간에게서 기대하지 않게 될지 모른다는 통찰을 제공한다. 이러한 전환을 이미 목격하고 있는 지금, 우리가 원하는 발전의 방향이 개인용 컴퓨터(이거나 다른 어떤 형태의 개인용 기기)에 탑재된 인공지능과 완전한 감정적 교류를 이루는 것인지, 인간과 인간 사이의 연결을 여전히 중심에 두고 그 가치를 지켜 나가는 것인지에 대한 고민이 필요하다. 이와 같은 고민이 결여된 인공지능 기술의 맹목적 발전이 얼마나 이기적인 개인, 그리고 그러한 개인들로 이루어진 삭막한 사회를 만들 수 있는지 어쩌면 우리는 이미 확인 중이다.

사회 구조적 차원에서의 공존

조금 더 거시적인 관점에서 보자면 인공지능은 사회 구조와 시스템에도 이미 강력한 영향을 미치고 있다. 흔히 이야기되고, 또 가장 시급하게 대응이 필요한 문제이지만 해결에 어려움을 겪고 있는 것이 바로 악화되는 불평등의 문제다. 구체적으로는 업무의 자동화가 소득 불평등을 심화한다는 연구(Acemoglu & Restrepo, 2022)부터 일반적으로 인공지능이 해당 기술을 소유한 고기능 노동자들에게 압도적으로 유리한 산업 구도를 만들며 소득 불평등을 심화시킬 것이라는 연구가 많은 공신력 있는 기관에서 쏟아져 나오고 있다.

직접적인 고용과 임금 구조뿐 아니라 사회적으로 중요한 결정들을 내리는 과정에도 인공지능의 활용은 지대한 영향을 미친다. 인공지능은 이미 채용이나 재판 과정에서 공정성, 투명성, 책임성 등 다양한 영역에서 많은 문제를 지적받았지만 그럼에도 여전히, 그리고 점점 더 다양한 맥락에서 활용되고 있다. 더욱더 문제가 될 수 있는 것은 기존의 사회 구조 안에서 내려 온 결정들에 불합리하고 부당한 면이 많았다고 느끼는 집단일수록 인공지능의 의사 결정 능력을 과잉되게 신뢰하거나 그에 의존할 가능성이 높다는 사실이다. 사회적 합의를 통해 중요한 결정들을 내린다는 기본적 원칙의 재확인, 이 과정을 우리가 함께 더욱 공정하게 만들기 위해 노력해 나가겠다는 합의, 그리고 그에 더해 인공지능의 알고리듬과 편향에 대한 깊은 이해가 사회적으로 공유되어야 한다.

인공지능 시대 인간의 정체성

인간과 인공지능의 공존은 인간의 정체성과 가치에 대한 근본적인 질문 역시 제기한다. 인공지능의 과제 수행 능력이 점차 증가하고 일부 영역에서는 이미 인간의 능력을 훨씬 뛰어넘은 상황에서 우리를 인간이게 하는 것이 무엇인가의 문제는 인공지능과의 공존에서 핵심적인 주제다.

인공지능 기술이 적용된 기계들이 인간의 사회적, 문화적, 경제적, 정치적 상호 작용에 미치는 영향에 관한 한 연구에서 라완과 동료들(Rahwan et al., 2019)은 "기계 행동"이라는 새로운 개념을 인공지능 시대를 살아가기 위해 필수적으로 이해해야 할 복합적 탐구의 대상으로 제시한다. 이 연구는 인공지능 시스템에 대한 접근이 단순히 공학의 관점에서만 이루어질 때의 문제점을 지적하며 인공지능의 행동 패턴이 가지는 알고리듬적 불투명성에서부터 사회적 맥락과의 상호 작용까지를 고려한 다학제적 연구가 필수적이라 주장한다.

이러한 접근은 인공지능에 대한 이해를 심화한다는 장점이 있지만 인공지능 기술이 탑재된 기계를 암묵적으로 인간과 유사한 의식과 주체성을 가진 존재로 착각하게 만들기도 한다. 인공지능과 그 기능을 인간의 능력과 같은 선상에서 비교할 수 있는 것으로 인지하고 그에 따라 인공지능이 탑재된 기계를 인간처럼 대하는 것은 인공지능 시스템을 더욱 신뢰하고 협력적 관계를 발전시켜 나가는 데 도움을 줄 수 있는 한편, 인공지능에 대한 과잉 의존이나 인간과 인간 사이의 소통 감소, 그리고 공감 능력의 점차적인 쇠퇴를 불러올 수도 있다.

언급한 것과 같은 변화는 우리가 지능이나 의식이라고 생각하는 것의 정의를 다시 고민하게 하는 근본적인 변화이다. 게다가 인공지능 기술이 발달하면서 그 위상과 기능이 변화하는 것은 기계뿐이 아니다. 인간이 점점 더 다양한 맥락에서 인공지능을 활용하고 인공지능 시스템이 적용된 사회적 구조 속에서 생활하며 서로 상호 작용할 때 인간의 인지적 능력과 사회적인 기능은 변화해 갈 수밖에 없다.

인간과 인공지능이 공존하는 시대는 분명 인류에게 이전에 없었던 가능성을 제공한다. 하지만 이 가능성이 우리가 인간으로 살아가는 데 반드시 필요한 것인지, 또 진정 의미 있게 활용될 수 있는 영역에 인공지능 기술이 도입되고 있는지에 관해서는 그 누구도 확답을 줄 수 없다. 인공지능 기술의 전방위적 영향력에 대한 치열한 반성과 사회적 논의 없이는 오히려 지금의 기술 발전 속도 경쟁은 기술 발전을 위한 기술 발전을 가속화하고, 그 과정에서 함께 살아가는 사회가 지켜야 할 가치를 뒷전에 둘 위험이 높아 보인다. 인공지능의 잠재력을 충분히 활용하면서도 인간 고유의 특성과 가치를 보존하고 향유하려는 섬세한 균형 감각이 절실하게 필요한 시대를 우리는 이미 살고 있는 것이다. 이 새로운 환경에서 인간과 인공지능의 복잡한 상호 작용은 계속해서 심화되고 진화해 갈 것이며 인간 사회는 이에 적응할 정책적 · 윤리적 전략을 필요로 한다. 인공지능 연구에서도 인공지능의 수행 능력에 관한 연구만큼이나 인간관계, 사회 구조,

인간 정체성에 인공지능이 미치는 장기적 영향에 관한 연구에 대해서도 적극적인 관심을 가져야만 새로운 공존의 시대에 대응하며 인간과 기술이 공진화해 갈 수 있을 것이다.

참고문헌

Acemoglu, D., & Restrepo, P.(2022). Tasks, automation, and the rise in US wage inequality. *Econometrica*, 90(5), pp.1973–2016.

Hohenstein, J., et al.(2023). Artificial intelligence in communication impacts language and social relationships. *Scientific reports*, 13(1), 5487.

Hancock, J. T., et al.(2020). AI-mediated communication: Definition, research agenda, and ethical considerations. *Journal of computer-mediated communication*, 25(1), pp.89–100.

Rahwan, I., et al.(2019). Machine behaviour. *Nature*, 568, pp.477–486.

Turtle, S.(2011). Alone together: Why we expect more from technology and less from each other, Basic Books. 이은숙 옮김(2012). 『외로워지는 사람들: 테크놀로지가 인간관계를 조정한다』. 청림출판.

GDI Gottlieb Duttweiler Institute(2024.2.9). How AI is changing our social relationships: A GDI meta-analysis. https://gdi.ch/en/publications/trend-updates/how-ai-is-changing-our-social-relationships-a-gdi-meta-analysis

10
미래

이 장은 AI 기술이 20세기 진보라는 이념과 어떤 관계를 맺고 있는지 살핀다. AI는 계획이라는 인간 고유의 행위에 어떤 영향을 끼칠까? 그 영향은 진보라는 생각을 강화할까?

종교와 AI?

미래로 향해 나아가는 걸음, 진보

특정한 미래상을 그리면서 이를 현실화하는 과정을 진보(進步)라고 할 수 있다면, 진보 이념은 냉전이 끝나고 정보화 시대를 거치면서 정치적인 성격을 거의 잃고 기술적인 개념으로 변모했다. 특히 2010년대 중반 본격적으로 부상한 AI 기술의 파급력으로 인해 이러한 변화의 흐름은 가속화되었다. 한편, 미래를 구축하는 작업에서 계획 설정과 수행이 차지하는 중요한 역할을 고려할 때(Feygin & Gilman, 2023.1.19), 방대한 규모의 데이터를 빠른 속도로 처리해 의사 결정을 돕는 인공지능은 인간의 계획 능력을 보완함으로써 더 나은 미래를 향한 가능성을 분명히 제시하는 것처럼 보인다.

물론 AI 기술과 컴퓨터가 계획이라는 인간 고유의 행위에 큰 영향을 미치고 있음을 부정하기란 어렵다. 인공지능은 구조화된 데이터를 분석하고, 그러한 분석을 바탕으로 일견 복잡해 보이는 문제들에 인간이 신속하게 대응하는 작업을 보조한다. 예를 들어, 도시 계획에서 AI 기술은 교통의 흐름과 교통량을 예측하고 최적의 경로 조성이나 우회로 설치를 제안해 효율적인 도시 환경을 조성하는 일에 도움을 준다. 또한, 기업의 경영에서도 인공지능은 다양한 유형의 시장 데이터를 바탕으로 한 분석과 예측을 통해 수요와 공급에 관한 더 정확한 전략을 수립하게 해 준다.

그러나 인공지능이 진보라는 개념이 가진 기술적인 특성을 강화해 줄 순 있지만, 21세기의 진정한 진보가 무엇인지 정의하는 작업에는 별다른 도움을 주지 못한다. 오늘날 널리 공유되는 진보 이념의 핵심은 과학 기술을 통해 인류의 삶을 개선하고, 이전보다 나은 사회를 건설하는 것이다. 하지만 정작 무엇이 '이전보다 나은 사회'인지, 그리고 그 사회는 누구에게 '더 나은 것'인지 등에 대해 질문할 때, 편향된 데이터로 학습된 인공지능은 기껏해야 일반적인 답변 그 이상의 것을 제공하지 않는다. AI 기술이 여러 분야에서 혁신을 추동하고 인간의 한계를 어느 정도 극복하게 도움을 주는 것은 분명하나, 인공지능을 통한 진보라는 개념을 뒷받침할 만한 유효한 사례는 거의 나오지 않았다.

역사에서 살펴본 진보 프로젝트와 컴퓨터

역사를 참조하지 않고선 AI 기술이라는 개념을 통해 진보라는 생각을 성찰하는 작업을 제대로 수행하기 어렵다. 최근 과학 기술사 연구자들은 자동화(automation)에 얽힌 여러 알려지지 않은 역사를 재구성하는 일에 주목한다. 인간의 고된 육체노동을 기계의 자동화된 노동으로 바꾸어 근대적인 생산을 지속하는 한편, 절약된 시간을 인간성 개발에 쓴다는 지극히 이상적이고 오래된 발상에 사람들은 어떻게 대응했을까?

이와 같은 질문과 깊은 관련이 있는 주제가 바로 컴퓨터, 즉 계산기다. 생산에 필요한 알고리듬을 짜서 기계에 입력하고 이를 적절하게 인간과 기계가 통제해 인간의 편의를 최대화하는 방향으로 쓰려는 작업은 컴퓨터 없이는 불가능했기 때문이다. 따라서 2010년대 중반 이래로 가속화된 믿음인 인공지능이 자동화를 실현할 것이라는 기대는 사실 오랜 기간 전개된 기술에 대한 인간의 염원을 고려하지 않고는 온전히 이해하기 어렵다.

몇몇 진보 프로젝트의 좌절

컴퓨터를 활용한 자동화 기술 개발과 생산 현장에서의 응용은 20세기 중반부터 세기말까지 벌어진 냉전기 이념 경쟁과 병행했다. 자본주의 진영이든 사회주의 진영이든 개발(development)을 지상 과제로 삼고, 생산성을 높이기 위한 경쟁에서 컴퓨터 기술로 통제하는 자동화의 약속은 매우 달콤했다. 이와 함께 과학 기술의 발전이 인간 사회의 진보를 촉진할 것이라는 믿음이 만연했다.

이러한 역사적 맥락을 고려한다면, 1950년대와 1960년대에 냉전 강대국들이 원자력과 미사일 기술 개발에 열을 올린 사정을 더욱 잘 이해할 수 있다. 그러한 첨단 기술의 기저에는 자동화라는 원리가 자리했다.

그러한 자동화 원리가 더 넓은 사회에 대한 운영 전략이자 다학제 학문 분과로 격상된 계기가 바로 사이버네틱스라는 개념의 출현이었다. 미국의 컴퓨터 과학자이자 철학자, 수학자였던 노버트 위너(Nobert Wiener)는 제2차 세계 대전 당시 고사포의 자동 조준 및 발사 연구로 조국의 승전에 크게 이바지했고, 이를 바탕으로 '동물과 기계에서 의사소통과 통제에 대한 탐구'라는 사이버네틱스의 개념화에 크게 이바지했다. 이 개념은 인간을 포함한 동물, 그리고 기계의 통제와 통신을 연구하는 학문의 전 분야에 영향을 끼쳤고, 그리하여 미국과 유럽뿐만 아니라 소련과 중국을 비롯한 사회주의 국가에서도 사이버네틱스를 생산의 정치에 도입하려는 다양한 시도가 있었다.

하지만 사이버네틱스를 바탕으로 물질적 풍요와 사회적 진보를 추구한다는 냉전적 생각은 자본주의 서구를 제외하곤 현실에 옮기기가 거의 불가능했다. 벤자민 피터스와 에덴 메디나의 연구는 이른바 비서구에서 그러한 현실화가 얼마나 어려운지를 꼼꼼하게 그려 낸다. 소련의 경우, 과학자들과 관료들은 조국이 아닌 각자가 소속된 기관의 이익을 좇아 전국적인 산업 관리망인 오가스(OGAS, 전국 회계 및 정보 처리 자동화 체제)를 결국 만들지 못했다. 이른바 사회주의자들이 자본주의 경영인처럼 행동한 결과였다(Peters, 2016). 마찬가지로, 칠레 국토에 산재한 공장 전체를 단일 관리망에 연결해 전국적인 생산 과정을 통제한다는 원대한 꿈인 칠레의 사이버신(Cybersyn) 프로젝트도 군사 쿠데타의 물결 속에서 무너졌다(Medina, 2011).

좌절이 반복되지 않기 위해서는

자본주의 서구가 어떻게 사이버네틱스를 성공적으로 활용했는지, 그리고 냉전이 끝난 지 30년이 지난 지금까지 국제 사회가 진보했는지 등을 묻는 일은 이 글의 범위를 벗어난다. 하지만 분명한 것은, 인공지능이 진보 이념을 강화하는 듯한 외양을 가지지만 오히려 전례 없는 도전과 문제를 제기하는 데 반해, 우리는 별다른 대비를 하고 있지 못한다는 점이다. 컴퓨터 능력의 발달로 인한 일자리 감소(Frey & Osborne, 2013), 개인 정보 보호 문제, 편향성의 확대와 같은 사안들은 현대 사회가 시급히 해결해야 할 과제이지만, 아직 뚜렷한 대책은 보이지 않는다. 또, 문제 해결을 위해서는 AI 기술의 윤리적 사용과 규제 등 인공지능의 기술적 논의를 벗어나 사회적 합의를 통한 정책 수립이 중요하다. 이러한 정책적 · 사회적인 개입 없이 AI 기술이 진정한 의미에서 인간 사회의 진보를 촉진할 것이라는 미래는 전망하기 어렵다.

AI 기술은 진보 이념이 가진 기술적인 환상을 강화했다는 측면에서 밀접한 관계를 맺고 있고, 일견 인간의 계획 능력을 보완한다는 인상을 주기 십상이다. 하지만 더 공정하고 포용적인 미래를 구축하는 작업에서 아직 인공지능은 득보다는 실을 많이 준다고 해도 과언이 아니다. 그러므로 윤리적 문제와 사회적 대응 방안을 논의할 수 있는 장이 마련될 때, AI 기술을 통한 인류의 진보가 대체 어떤 모습이어야 하는지에 대한 논의를 시작할 수 있을 것이다.

참고문헌

Frey, C. B., & Osborne, M.(2013). The future of employment: How susceptible are jobs to computerisation?. *Technological forecasting and social change*, 114, pp.254–280.

Feygin, Y., & Gilman, N.(2023.1.19). The designer economy. NOEMA.

https://www.noemamag.com/the-designer-economy/

Medina, E.(2011). *Cybernetic revolutionaries: Technology and politics in Allende's Chile.* Cambridge: The MIT Press.

Peters, B.(2016). *How not to network a nation: The uneasy history of the Soviet internet*. Cambridge: The MIT Press.

김동우

카이스트 디지털인문사회과학부 철학 분야 조교수다. 뉴욕시립대학교 대학원에서 철학으로 박사 학위를 받았다. 주요 논문으로 “Truthmaker semantics for modal logics”(2024)가 있으며 논리학, 언어철학, 형이상학, 분석철학사, 수리철학 등의 분야에서 연구를 수행하고 있다.

우동현

카이스트 디지털인문사회과학부 역사학 및 디지털 역사학 분야 조교수다. 서울대학교 국사학과에서 학사와 석사 학위를, UCLA에서 아시아언어문화학(한국학)으로 박사학위를 받았다. 한국인 연구자 최초로 ≪The Historical Journal≫에 논문을 게재했고, 모두 7편의 역서 및 공역서를 펴냈다. 냉전사, 환경사, 핵 역사, 디지털 역사학 등의 분야에서 연구를 수행하고 있다.

정서현

카이스트 디지털인문사회과학부 조교수다. 서울대학교 영어영문학과에서 학사와 석사 학위를, 터프츠대학교(Tufts University) 영문과에서 18~19세기의 정치경제사적 맥락 속에서 영국 소설이 포착하는 친밀함의 구조에 관한 연구로 박사 학위를 받았다. 연구서 『Edges of Transatlantic Commerce in the Long Eighteenth-Century』(Routledge, 2021)를 기획하고 편집했으며, ≪Victorian Literature and Culture≫, ≪Brontë Studies≫ 등에 논문을 게재했다. 문학에 드러난 인구 관념, 사회 재생산과 여성의 노동, 과학기술과 서사예술의 관계, 번역 문학의 정치성 등의 주제로 연구를 수행하고 있다.